基于缓冲管理的
项目计划与控制

胡雪君　王建江　单汨源　著

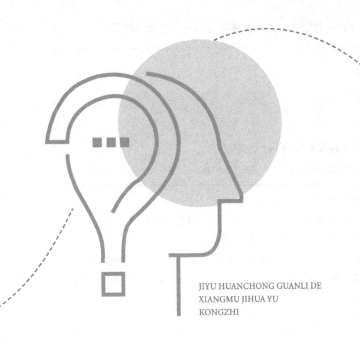

JIYU HUANCHONG GUANLI DE
XIANGMU JIHUA YU
KONGZHI

湖南大学出版社
HUNAN UNIVERSITY PRESS

内容简介

本书对基于缓冲的项目进度计划与控制方法展开系统深入的研究。首先，详细阐述了关键链缓冲管理方法的主要思想，对最新研究成果进行了综述分析；其次，提出考虑活动工期风险和多资源约束风险的缓冲大小计算方法，构建抗干扰能力强的关键链调度计划；接着，提出基于统计过程控制的两阶段缓冲监控方法，分别考虑活动敏感性、赶工成本和紧急资源分配策略，设计了基于缓冲监控的项目进度控制方法。通过项目实例与模拟实验，本书对以上方法的有效性进行了验证，并展望了关键链缓冲管理未来的一些应用前景和发展方向。

图书在版编目（CIP）数据

基于缓冲管理的项目计划与控制／胡雪君，王建江，单汨源著.
— 长沙：湖南大学出版社，2020.3
ISBN 978-7-5667-1820-4

Ⅰ.①基… Ⅱ.①胡… ②王… ③单… Ⅲ.①工程项目管理
Ⅳ.①F284

中国版本图书馆CIP数据核字（2019）第265927号

基于缓冲管理的项目计划与控制
JIYU HUANCHONG GUANLI DE XIANGMU JIHUA YU KONGZHI

著　者：	胡雪君　王建江　单汨源		
责任编辑：	刘湘琦	**责任校对：**	冯　英
印　装：	北京虎彩文化传播有限公司		
开　本：	710mm×1000mm　16开	**印张：** 10.5	**字数：** 110千
版　次：	2020年3月第1版	**印次：** 2020年3月第1次印刷	
书　号：	ISBN 978-7-5667-1820-4		
定　价：	36.00元		

出 版 人： 李文邦
出版发行： 湖南大学出版社
社　　址： 湖南·长沙·岳麓山　　　**邮编：** 410082
电　　话： 0731-88822559（发行部），88821327（编辑室），88821006（出版部）
传　　真： 0731-88649312（发行部），88822264（总编室）
网　　址： http://www.hnupress.com
电子邮箱： 395405867@qq.com

前　言

当前市场环境快速变化且竞争愈发激烈，项目所面临的风险和不确定性不断增加，同时项目本身的结构日趋复杂，对稀缺资源的竞争逐渐加剧，导致越来越多的项目难以按期完工。而进度延误又会进一步导致项目预算超支、资金回收困难、投资人利益受损和最高管理层改组等其他不利影响。因此，在项目面临各种不确定性因素的复杂环境下，如何高效地做好项目计划与控制工作是项目管理者和从业人员面临的重大挑战。

传统的项目管理方法比如关键链路径法（critical path method，CPM）、计划评审技术（program evaluation and review method，PERI）等，由于没有考虑项目资源约束的情况，在资源短缺和不确定性较大的项目环境中实施效果较差。关键链缓冲管理（critical chain scheduling and buffer management，CC/BM）方法应运而生，迅速成为项目管理领域理论研究的热点，同时在实践中比如生产、制造及服务等行业得到了广泛应用。缓冲是 CC/BM 的重要概念，缓冲的大小估计和监控方法，直接决定着项目计划完工期及项目进度风险，是 CC/BM 方法应用成功的关键。

近些年来，在关键链的识别和缓冲大小的计算方面，已经取得了大量研究成果，但目前学术界关于如何有效进行缓冲监控的文献并不多，特别是缺乏相关的定量分析与研究。依托国家自然科学基金、湖南省自然科学基金等项目，作者所在的课题组围绕关键链缓冲管理问题深入开展研究，研究成果发表在 *European Journal of Operational Research*，*International Journal of Production Research*，*Flexible Services and Manufacturing Journal*，《系统工程学报》《运筹与管理》《控制与决策》等管理学科国内外高水平学术期刊上，得到了国内外同行的高度认可和评价。本书融合了课题组的代表性研究成果，介绍了基于缓冲管理的项目计划和控制方法，为不确定条件下的项目管理提供了新思路。

1

全书由 9 章构成，内容上可分为五篇，每一篇自成体系。第一篇为问题概述，主要内容包括：第 1 章从现实问题和理论研究的角度阐述本书的研究背景和研究意义，并对关键链缓冲管理基础理论进行了介绍；第 2 章对缓冲管理国内外研究现状进行了综述分析。第二篇介绍基于缓冲管理的项目计划方法，主要内容为第 3 章，提出一种综合考虑活动工期风险和多资源约束风险的缓冲大小计算方法。第三篇聚焦于动态缓冲监控阈值设置方法，主要内容包括：第 4 章介绍了基于统计过程控制的缓冲阈值设置方法，第 5 章提出基于活动敏感度指标的综合监控阈值设置方法。第四篇聚焦于带有纠偏行动的项目进度–成本控制方法，主要内容包括：第 6 章提出考虑赶工以及赶工成本优化的行动策略；第 7 章考虑资源成本和进度稳定性提出了新的两阶段进度–成本控制方法；第 8 章综合分析在关键链识别中应用不同的优先级指标、插入不同的缓冲尺寸以及采取不同的响应策略，对项目鲁棒性能的交互影响。第五篇为研究展望，主要内容为第 9 章，探讨了关键链缓冲管理领域未来的一些新的研究方向。

本书撰写的分工是：第 1~6 章由胡雪君执笔，第 7~8 章由王建江执笔，第 9 章由单汨源执笔。全书在作者相互审阅和修改的基础上，由胡雪君统稿，由单汨源定稿。此外，课题组何文、周科等参与了部分章节内容的撰写和全书的整理校对工作，在此一并向他们表示感谢。衷心感谢湖南大学工商管理学院马超群教授、雷辉教授、周忠宝教授、杨智教授等，他们悉心的指导和有益的建议使得本书得以一步步完善。感谢湖南大学出版社的大力支持，感谢参与研究的课题组全体博士生和硕士生。本书的研究工作得到了国家自然科学基金（71701067，71801218）、湖南省自然科学基金（2019JJ50039）、国防科技大学科研计划（ZK18-03-16）等项目的资助，在此深表感谢。

由于作者水平有限，本书许多内容还有待完善和深入研究，不足之处诚望读者批评指正。

胡雪君

2019 年 10 月

目　次

第1章 绪 论

1.1 缓冲管理研究的背景和意义

当今社会，越来越多的管理活动呈现出项目的特点，不论是在建筑工程、生产制造还是服务领域，许多活动都是按照项目形式进行的。这种泛项目化的发展趋势正逐渐改变着各种组织的管理方式，乃至于人们的观念，使得项目管理成为各行各业的热门话题[1]。美国项目管理协会（Project Management Institute，PMI）将项目的概念归纳为：在一定的时间、预算、资源以及客户要求的性能、规格等限制下，为创造独特的产品、服务或结果而进行的一次性努力[2]。项目管理则是指把知识、技能、工具和技术应用于项目各项活动之中，以实现或超过项目干系人对项目的要求和期望。从20世纪70年代开始，项目管理作为管理科学的重要分支，为项目的实施提供了一种有力的组织形式，改善了利用各种资源的计划、组织、执行和控制的方法，从而引起了广泛的重视，并对管理实践做出了重要的贡献。

随着项目规模的扩大和专业化分工的愈加精细，项目管理过程中的计划和控制工作日益复杂，对于项目的质量、成本、工期等方面的要求也越来越高，项目的科学化管理已经成为决定项目生命力的关键。目前，项目管理技术已经日趋成熟，对项目管理中的资源优化技术已经有了较为深入的研究，各种项目管理软件也为项目管理提供了更可靠的分析工具[3]。即便如此，实践中要保证项目成功——"在预算费用之内按照规范准时交付"——仍然非常困难。美国 Standish Group 在 2016 年针对全球 IT 项目的 CHAOS 统计报告指出，19%的项目因在执行中出现严重问题而彻底失败，52%的项目在执行中发生局部失败（虽然完成但存在费用超支、延期、范围不符等问题），报告进一步指出其中出现延期项目的平均超期程度高达 222%。研究表明，未能采取有效的计划和控制方法以应对和弥补项目执行过程中的高不确定性及高风险，是导致项目最终失败的重要原因[4]。

传统的网络计划技术如关键路径法（critical path method，CPM）和计划评审技术（program evaluation and review method，PERT），提出较早且在项目管理实践中得到成功应用，但是其关于活动时间估计及分布的假设、活动安全时间的分散使用、没有考虑资源约束、忽视项目实施过程中组织和人的行为因素的影响等方面，一直受到人们的质疑。过去几十年中，资源受限项目调度问题（resource-constrained project scheduling problem，RCPSP）是项目管理理论研究的核心内容之一，致力于在确定的活动时间下考虑资源约束建立工期最短的项目基准计划[5]，但是这类研究大多只局限在项目计划阶段，很少考虑到项目执行过程中的复杂性和各种不确性因素，难以应对现代项目面临的高要求及多变的执行环境[6]。

针对项目管理面临的种种问题，一种考虑项目资源约束和决策者行为特征的项目管理方法——关键链缓冲管理（critical chain scheduling and buffer management，CC/BM）方法，日益引起了国内外众多学者和实践者的广泛关注。该方法是以色列科学家 Goldratt 将约束理论（theory of constraints，TOC）由生产领域向项目管理领域拓展运用的结果[7]，被认为是继 CPM/PERT 方法之后项目管理领域最重要的进展之一[8]。CC/BM 是一个包含计划、执行和控制的完整项目管理理论，可较好地降低项目受不确定因素影响的程度，有效缩短项目工期，提高项目绩效。CC/BM 的主要思想是：用同时考虑项目紧前约束和资源约束的关键链来代替传统的关键路径，按活动最晚开始时间制订项目基准调度计划；充分考虑人的行为因素，将各个任务中的安全时间抽取出来作为缓冲放置在项目网络的适当位置进行集中管理，以吸收不确定性并聚合风险，保持项目基准计划的稳定；在执行和控制阶段建立基于缓冲消耗的预警和行动机制，以保证整个项目而非个别活动的如期完成[9]。

缓冲是 CC/BM 的重要概念，缓冲的大小设置和监控方法，直接决定着项目计划完工期及项目进度风险，成为 CC/BM 最核心的内容之一，对于确保项目按时完工和提高项目管理绩效都至关重要。然而，现有的缓冲大小计算方法通常假设项目活动时间相互独立，所有活动的安全时间比例一样，

3

从风险角度看这种假设是不合理的，没有考虑到活动之间因风险因素影响而形成的区别与联系。此外，缓冲监控是一种基于项目的进度控制方法，能够从全局角度衡量项目整体进度绩效并提供决策依据，但是忽视了项目内部的活动结构、活动重要性以及赶工成本、资源成本等信息，也没有充分考虑项目动态执行的特点，会产生不准确甚至错误的预警信号，导致采取无效的管理行动。

基于以上现实和理论需求，本书基于 CC/BM 中的缓冲管理对项目进度和成本进行综合计划与控制。针对现代项目本身和执行环境越来越高的复杂性和不确定性，以及以往项目管理方法在应对这些挑战时表现的不足，通过设置合适的缓冲尺寸并运用缓冲监控系统去改善项目绩效，为不确定条件下项目计划和控制提供新思路和新方法。

本书的研究对于指导企业解决实际中所遇到的项目计划与控制问题，具有重要的现实意义。本书方法的成功应用，能够消解项目间的资源冲突，有效规避项目成员的"学生综合症"和"帕金森定律"等不良工作行为，应对各类风险和不确定因素的影响，进而缩短项目工期，控制项目成本，提高项目的按时完工率，增强企业服务水平及客户满意度，最终提高企业的经济效益。本研究成果将有广泛的应用前景，尤其适用于不确定性较大、风险较高、资源依赖性较强的项目环境，比如基础设施建设、软件开发、新产品研发、服务集成和运营维护等，这类项目通常要求周期更短、准时完工率更高，运用基于缓冲管理的项目计划与控制方法有望取得卓越的项目绩效。

1.2 关键链缓冲管理理论基础

1.2.1 关键链的内涵

传统的关键路径法只考虑项目活动之间的逻辑依赖关系，关键路径是决定项目工期最长的任务路径，其上所有活动的总时差为零。而关键链是在考虑时间及资源冲突两方面的情况下得到的关键路径，即项目中同时考虑活动紧前关系和资源相依关系后最长的一条链。关键链决定着项目最终工期，是项目系统的约束，相关资源以及其他活动都要依据关键链来调度。因此 CC/BM 理论较之关链路径法从更加系统的角度去思考问题，也更加贴近于实际情况，它是对关键路径理论的一种发展[10]。

为了下文叙述方便，首先对相关参数进行定义。采用节点式网络 $G=(N, A)$ 表示一个项目，其中 $N=\{0, 1, 2, \cdots, n, n+1\}$ 代表项目活动（或称工序/任务）节点，序号 0 和 $n+1$ 分别表示虚拟首活动和虚拟尾活动（既不消耗时间也不消耗资源），A 代表活动之间的结束–开始型优先关系集合。项目有 n 个实际活动，活动 i 的计划工期为 d_i^B。项目有 K 种可更新资源，所谓可更新资源是指在每个时间段资源的供应量是有限的，但资源并不随着项目的进展而消耗。$R_k(k=1, 2, \cdots, K)$ 代表资源的供给量，r_{ik} 表示活动 i 对第 k 种可更新资源的需求量。

图 1.1 给出了一个项目网络图示例。该项目包含 12 个实体活动，用到 3 种可更新资源，资源可用量分别为 2，1，2 个单位。

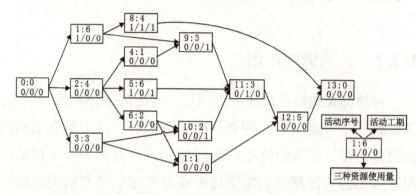

图 1.1 项目网络图示例

本书采用以下步骤查找关键链和非关键链[11]。

第一步：生成逻辑和资源可行的项目初始调度计划。采用分支定界精确求解算法[12]，得到图 1.2 所示工期最短的 RCPSP 调度计划，其中活动 i 的开始时间表示为 S_i。

第二步：在第一步生成的调度计划基础上，保持项目的总调度工期不变，在满足资源约束和紧前关系的条件下，逐步向右移动那些可以后移的活动，直到所有活动都不能移动为止，生成新的项目调度计划，如图 1.3 所示。

第三步：输出向右移动后的调度计划中各个项目活动的最终开始时间 LS_i。计算活动 i 的总时差（total slack），$\Delta_i = LS_i - S_i$。那些不能移动的活动（$\Delta_i = 0$）说明属于关键链，而那些可以移动的活动（$\Delta_i \neq 0$）则说明不属于关键链。

第四步：输出关键链。

（1）所有不能够后移的项目活动为关键链活动，但可能有多条关键链。本例中关键链活动为 1，9，10，11，12，显然首活动 0 和尾活动 $n+1$，都处在每条关键链上。

（2）从首活动开始将属于关键链上的活动按照紧前关系和时间（前一活动结束时间等于下一活动的开始时间）排序，直到尾活动结束，则会形成一条关键链。

（3）如此循环，直到属于关键链上的所有活动都找到自己所属的关键链。

（4）输出关键链的条数和各条关键链上的活动。

（5）当有多条关键链时，为了在项目调度过程中不受影响，按照 TOC 的思想须从中选取一条关键链，其他关键链可看作非关键链。将关键链上的活动按照关键链的顺序建立紧前关系，以保证关键链的完整性。本例中只得到一条关键链，为 0-1-9-10-11-12-13。

第五步：查找非关键链。从前向后，从第一个非关键链上的活动开始，搜查下一个具有紧后关系且不处于关键链上的活动，直到遇到关键链上的与其具有紧后关系的活动为止，形成一条非关键链，如此循环，直到所有的非关键链上活动都能属于某一条非关键链。本例中得到 5 条非关键链，分别为 2-4，3（6），5，7，8。

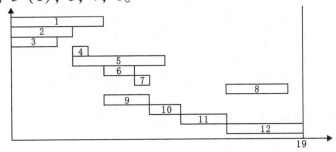

图 1.2 分支定界法得到的最短工期计划

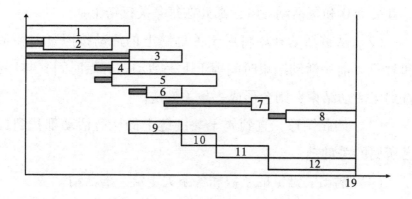

图 1.3　后移之后的项目调度计划

1.2.2　缓冲机理

任何项目的进度计划都要求知道每项活动或任务的时间。由于项目中活动时间有着高度的不确定性，我们无法给出准确的活动时间，活动的时间只能是估计的。TOC 指出，任何在 50% 以上概率可以完成任务的估计都包括了安全时间，而活动时间一般呈现偏态分布，如图 1.4 所示。

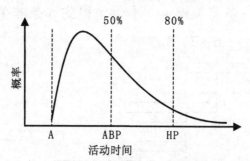

（注：A-Aggressive; ABP-Aggressive But Possible; HP-Highly Possible）

图 1.4　活动时间偏态分布

　　一般项目人员认为，各个作业准时完成是整个项目准时完工的前提。为了保证各个作业准时完成，人们在估计时间时都给自己留有了足够的安全时间，即对于活动时间的估计多是在 HP 以后，通常会估计一个有 90% 的把握完成的时间。但是人们的行为中由于"学生综合症""帕金森定律"（工作总是拖延到它所能够允许最迟完成的那一天）、"多任务"等情形，所以如果人们感到时间充足，不到最后关头不会开始行动，即使提早完成了也不会报告，否则可能会有新的任务派过来。这样就会导致资源和时间的浪费，从而导致工期延误和成本增加[10]。

　　对此，Goldratt 提出了"缓冲"（buffer）的概念，用缓冲代替安全时间来吸收项目中存在的不确定因素。CC/BM 在考虑资源约束的基础上，加入了三种缓冲区：项目缓冲（project buffer，PB）、接驳缓冲（feeding buffer，FB）和资源缓冲（resource buffer，RB）。项目缓冲位于关键链末尾，用来保证整个项目按时完成；接驳缓冲设置在非关键链与关键链交汇处，用于保护非关键链按时完成；而资源缓冲是一种资源预警机制，通过这种预警机制来保护关键链上的资源供应。

　　Goldratt 提出剪切法（cut and paste method，C&PM）（又称 50% 法）来确定缓冲大小。假设项目人员原先给出的活动时间是一个以 90% 概率可以完成的时间，那么则以 50% 完工概率对应的时间作为活动的计划时间 d_i^B。将工序被剪掉的安全时间总和的一半，作为相对应链路的缓冲，图 1.5 和图 1.6 分别显示了项目缓冲和接驳缓冲的插入过程。

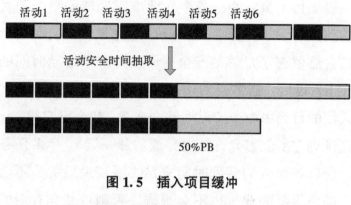

图 1.5　插入项目缓冲

图 1.6　插入接驳缓冲

　　在资源受限的情况下，在右移之后的项目调度计划中插入接驳缓冲可能重新产生资源冲突，这样会使得缓冲失去预警保护作用，因此，众多学者认为插入缓冲后须对原有计划进行调整。本书采用动态规划算法进行重排[13]，以消除出现的活动和资源冲突，具体步骤如下。

　　将重排过程视作一个多阶段的动态决策问题。从项目完工时刻开始往前推，即从初始时刻 $t_0 = T$ 处查找正在进行的活动集，先检查该活动集是否存在工序冲突，当发现冲突时将前序活动前移，而后检查剩余活动集是否存在资源冲突，发现冲突时将部分使用该资源的活动前移，并更新前移活动的开始时间。当该时刻点的冲突解决后，推进至前一个时间点 $t_1 = t_0 - 1$ 处再次检查并排除冲突，如此循环，直至前推至第一个项目活动则算法结束。

其中，在解决资源冲突时，针对前移活动的选择提出三种优先规则，以下结合图 1.7 所示的一个简单项目实例进行说明。图 1.7 中每个方框表示一个项目活动，各活动工期相等，方框内字母代表活动执行所需使用的资源种类，数字代表所用资源数量。图 1.7 中三条活动链中有两条非关键链和一条关键链。假设资源 C 的可用数量为 5 时，图 1.7 的基础排程计划不存在资源冲突。接下来，图 1.8 采用剪切法（C&PM）插入 50%非关键链长度接驳缓冲，可以看到，插入缓冲后，在 Δt 的时间间隔内使用资源 C 的活动再次发生资源冲突。

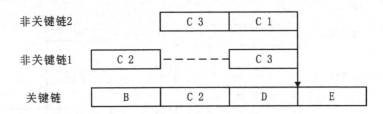

图 1.7 基础排程计划示例

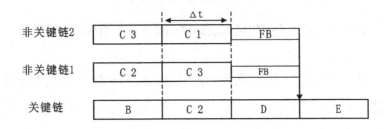

图 1.8 插入缓冲后引起资源冲突

为了解决图 1.8 中插入接驳缓冲后引起的资源冲突问题，采用重排法错开具有资源冲突的活动，提供三种计划重排优先规则。

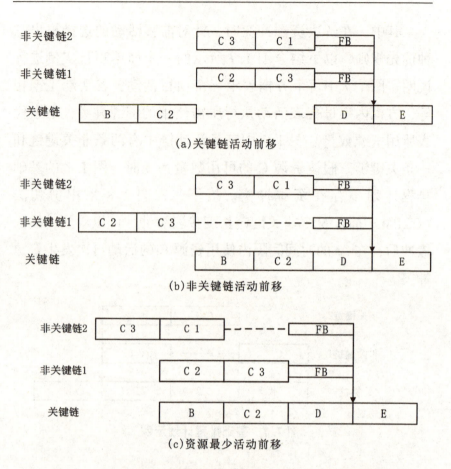

(a)关键链活动前移

(b)非关键链活动前移

(c)资源最少活动前移

图 1.9 采用不同的优先规则解决插入缓冲引起的资源冲突

优先规则 1：关键链活动优先前移，即资源优先用于满足关键链活动，如图 1.9(a) 所示。由于每个时刻点关键链活动只有一个，因此该方案最为简单，但其重排结果最容易造成关键链断裂。

优先规则 2：非关键链活动优先前移，如图 1.9(b) 所示。相对于关键链活动前移，该方案容易造成非关键链溢出。

优先规则 3：资源使用最少的活动优先前移，如图 1.9(c)

所示。图 1.9(a) 和图 1.9(b) 中的这两种重排规则所选择的前移活动资源用量较多，与前面活动再次造成资源冲突，而图 1.9(c) 的计划由于前移的活动资源使用量较少避免了与前面活动的再次资源冲突，使得重排后的项目工期增加量最少。该方案一定程度上可以避免资源二次冲突，而关键链活动和非关键链活动都可能是该方案前移的活动，因此很可能同时造成关键链断裂和非关键链溢出。

利用三种优先规则分别重排得到以上三种计划，实际中选择最终项目完工时间最短的计划作为 CC/BM 基准调度计划，将该计划中活动 i 的开始时间记为 S_i^B。

1.2.3　项目执行与缓冲监控

如前所述，插入了缓冲的 CC/BM 基准调度计划为项目执行阶段提供了一种有效的监控工具，通过监视缓冲区的消耗率（而不是计划的单个任务性能）来监视项目进度和运行状况，并在必要时采取纠正措施。项目一旦启动，项目活动的执行遵循"接力赛"策略（roadrunner scheduling）[14]，在满足紧前任务已完成并且有足够资源开始的情况下，应该尽早开始执行项目（as soon as possible，ASAP）。这个策略的实施是为了能尽快完成项目，从而缩短项目工期。

具体地，执行 CC/BM 计划时应遵从以下规则[11]。

（1）按照基准调度计划中活动开始时间早晚确定各任务的优先顺序，并依据该优先顺序进行调度执行（earliest baseline starting time，EBST）。

（2）如果任务在关键链上，优先执行。

（3）当非关键链上任务同时执行时出现资源冲突，优先执行输入缓冲区消耗多的非关键链上任务。

（4）关键链上的首任务不能早于计划时刻执行，其他任务按照接力赛策略执行。

（5）非关键链上的初始活动（gating-task，即非关键链上不存在紧前任务的任务）执行时间不能早于计划时刻，其他任务也按照接力赛策略执行。

项目执行中通过对缓冲进行监控来管理项目进度，包括设置监控阈值（"监"）和采取纠偏行动（"控"）两个方面。缓冲区除了具有吸收统计波动的保护作用，更提供了一个重要的项目进展状况的衡量标准和预警机制。根据 Goldratt 最早的缓冲管理思想，通常将缓冲分为红色区、黄色区和绿色区三部分进行监控，分别对应于"采取行动""计划行动"和"无行动"，图 1.10 描绘了一种可能的项目缓冲监控阈值设置。在图 1.10 中，纵轴表示缓冲消耗比例（proportion of buffer consumed，PBC），横轴表示链路完成比例（proportion of chain completed，PCC）。项目执行阶段，通过将实际进度与基准计划中的缓冲位置进行对比，项目管理者可以明确相对于链路完成比例而言项目缓冲消耗的程度，据此判断基准计划中的项目完工期是否仍然有把握达成。如果项目进展处于链路之始，而缓冲已消耗殆尽，说明项目处于危险之中；如果项目执行几近结束，而缓冲还没怎么消耗，说明项目极有可能早于计划期完工。

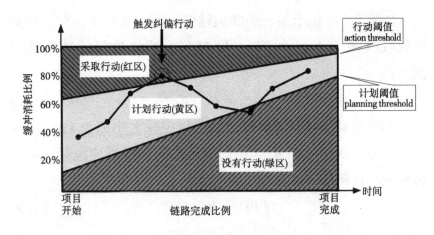

图 1.10 项目缓冲监控阈值

缓冲区管理过程可以描述如下。在时刻 t，项目管理者检查项目进展状况，将某一正在进行的活动 j 的预计结束时间与基准计划中的结束时间进行对比（如图 1.11），得到活动 j 的预期缓冲消耗量（buffer consumption，BC），计算公式为：

$$BC_j = (S_j^R + d_j^R) - (S_j^B + d_j^B) \qquad (1.1)$$

其中，S_j^R 表示活动 j 的实际开始时间，其中 d_j^R 表示活动 j 的实际工期，S_j^B 表示活动 j 的计划开始时间，d_j^B 表示活动 j 的计划工期。

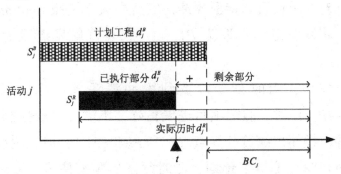

图 1.11 时刻 t 时的活动执行情况

如果活动 j 位于某一条非关键链（记为 h）上，相应链路的接驳缓冲大小记为 FB^h，则时刻 t 处的接驳缓冲消耗比例为：

$$PBC_t = BC_j / FB^h \qquad (1.2)$$

如果活动 j 位于关键链上，项目缓冲大小记为 PB，关键链上的活动数量记为 n^{cc}，则时刻 t 处的项目缓冲消耗比例与链路完成比例分别计算如下：

$$PBC_t = BC_j / PB \qquad (1.3)$$

$$PCC_t = \sum_{i \in Pred_j^{cc}} d_i^B \bigg/ \sum_{i=1}^{n^{cc}} d_i^B \qquad (1.4)$$

其中 $Pred_j^{cc}$ 表示在保留关键链紧前关系基础上活动 j 的前序关键活动的集合。

显然，图 1.10 中触发管理行动的项目缓冲阈值随着链路完成比例而变化。假定 a_1（a_2）代表两条缓冲触发线的斜率，b_1（b_2）表示截距，则绿黄触发点（planning threshold，PT）与黄红触发点（action threshold，AT）可以分别表示为：

$$PT_t = a_1 \times PCC_t + b_1 \qquad (1.5)$$

$$AT_t = a_2 \times PCC_t + b_2 \qquad (1.6)$$

针对非关键链与接驳缓冲，实践中通常按照 Goldratt 的均分法，将绿黄触发点取为 $PT_t = 1/3$，黄红触发点取为 $AT_t = 2/3$。

具体地，当时刻 t 检查到缓冲消耗处于绿区及以下（$PBC \leqslant PT_t$）时，假定项目进展良好，不需要采取控制行动；当缓冲消耗超出绿黄分界点（$PT_t < PBC_t \leqslant AT_t$）时，说明项目实际执行明显偏离了预期，此时须发出预警信号，要求项目管理者密切注意，检查原因并拟定应对策略，称为"计划行

动"；当缓冲消耗超出黄红分界点（$PBC_t > AT_t$）时，表示项目的执行出现了严重问题，对于剩下活动剩余的缓冲可能不够，项目有较大可能发生延迟或超出预算，必须立即采取相应的纠偏行动（如赶工、加班、转包合同等）。

针对缓冲监控时点 t 的选取，可以采用几种策略。

（1）有活动完工时执行监控。

（2）当活动在执行过程中发生中断或者有新活动插入时，执行监控。

（3）有 gating-task 即将开始时，执行监控。

（4）实时动态设置监控点，或者以一定的时间间隔检查项目的执行情况，需要时立即进行监控。为此，定义动态缓冲监控指标（dynamic buffer monitoring index，DBMI）[15]：

$$DBMI = \frac{剩余部分所需缓冲大小}{实际剩余缓冲大小} \qquad (1.7)$$

如果 $DBMI \leqslant 1$，表示剩余缓冲能够应对未来的不确定性，项目不太可能发生较大程度的延迟，不需要采取行动；反之，则表示缓冲消耗过快，管理者需要采取纠正措施以尽快恢复缓冲水平。

综上所述，缓冲监控系统提供了一种可靠的预警机制，适时告诉管理者何时应当采取行动。另外，还可以根据消耗的缓冲类别（PB 或者 FB）及消耗比例，确定资源分配的优先级别。这样，通过对缓冲区进行控制，管理者能够更集中精力于有效恢复项目进度，从而大大减少重新计划项目的风险。

第 2 章　关键链缓冲管理研究概述

关键链缓冲管理的内容主要由三个部分组成：一是项目关键链调度计划的构建和关键链的确定，二是缓冲大小的计算及插入，三是依据缓冲消耗水平对项目实施进度监控。本章将逐一探讨这三方面的研究现状。

2.1　关键链调度与识别研究现状

本质上，CC/BM 处理的是具有不确定性的资源受限项目调度问题，在获得 RCPSP 最优调度计划基础上识别关键链是应用 CC/BM 的第一步。因此，本节从关键链调度优化（旨在生成关键链调度计划）、关键链的识别（旨在找寻关键链）两个方面对相关文献进行综述。

一方面，为了获得工期最短的关键链调度计划，学者们在研究中广泛采用基于求解 RCPSP 的精确算法或者启发式算法[16,17]。Rabbani 等[18]将备选活动的平均时间、关键度指数（活动落在关键路径上的概率）和关联度指数（活动持续时间与项目工期之间的相关性）的乘积作为评价标准，然后将评价指标最大的活动优先排序以构建关键链计划。林晶晶等[19]通过使用柔性资源来衡量资源的可替代性，以最小化项目持续时间和实现工期–成本均衡为目标生成关键链调度计划。Peng 和 Xu[20]基于积极的基准进度计划，提出积极关键链方法，对所有活动按尽可能早的开始时间进行调度，并采用遗传算法求解。胡晨等[21]采用灰色关联分析方法，综合考虑活动的资源影响程度、活动持续时间及其紧后活动持续时间来确定活动调度优先级。以上方法依据不同的优先调整规则进行关键链调度，在实际应用中各有优势，然而同时针对多种优先级规则进行数值实验，并对比分析各种方法在不同因子设计下的绩效表现，这方面的研究尚待突破。

此外，Peng 和 Huang[22]建立了一个考虑资源约束和工期不确定性的关键链优化调度模型，设计差分进化算法进行求解。Ma[23]等考虑了多资源均衡目标，基于活动工期和资源使用之间的有效权衡生成关键链计划。近年来，有学者开始从鲁棒性角度研究关键链调度优化问题，比如马国丰等[24]提出根据模糊情景集求解获得工期最短同时波动性最小的鲁棒关键链计划；张静文和刘耕涛[25,26]针对插入 FB 导致的二次资源冲突，从鲁棒优化的角度提出一种启发式协调策略，构建了以鲁棒性最大化为目标的关键链项目调度优化模型，并采用嵌入模型特征的启发式遗传算法求解。这类方法基于特定优化目标进行关键链寻优，通常准确度高、绩效好，然而识别过程相对优先级方法来说稍显复杂，应用性仍待加强。

另一方面，针对关键链的识别问题，最早 Tukel 等[27]基于分支定界法得到的最短工期计划，通过计算资源约束下活动的自由时差来识别关键链。后续研究在获得关键链调度计划基础上大多沿用了此种识别方法。Zhang 等[28]考虑项目活动之间的信息流要素及由信息交互带来的返工风险与返工成本，以最小化总协调成本为优化目标，采用结构设计矩阵（design structure matrix，DSM）方法来确定关键链序列。需要指出的是，不管采用哪一种调度与识别方法，都有可能获得多条最长链路，现有文献在处理这一问题时大都是随机选取其中一条作为关键链。据笔者所知，只有 Long 和 Ohsato[29]明确指出将不确定性最大的最长链作为最终关键链，以及闫文周和任格叶[30]运用随机过程的思想，获得各工序在不确定因素影响下正常工作的概率，然后定义关键链上各工序的概率乘积最大者为最优关键链。

2.2 缓冲大小设置研究现状

继 Goldratt 经验式地提出以 50%法则确定缓冲尺寸的剪切法（C&PM）以来，众多学者力图建立更为科学、有效的缓冲计算方法。Newbold[31]考虑不同活动的不确定性水平，提出将链路上活动安全时间平方和的平方根作为缓冲大小的根方差法（root square error method，RSEM）。Leach[32]综合考虑普通原因和特殊原因对活动工期的影响，提出了根据不同种类偏差确定的固定值和根方差法所得值计算缓冲大小的

BPRSEM（bias plus rsem）方法。

后续有许多缓冲大小计算方法则是在 RSEM 计算公式基础上，加入了对项目不同特征的考虑进行改进，如 Tukel 等[27]提出了根据资源紧张度（resource tightness）和网络密度（network density）来确定接驳缓冲大小的两种方法，并通过大规模仿真实验证实了所提方法在项目不确定性较低时尤其有效。Long 和 Ohsato[29]提出基于模糊数学的根方差法，优点在于当项目执行缺少历史数据的时候，可以运用专家判断来评估特定项目的风险环境。Bie 等[33]在分析实际中活动工期具有相关性的情况下，以 RSEM 法确定独立条件下的缓冲大小为基础，提出了活动工期受共同风险因素影响而具有相关性的缓冲大小计算方法。Iranmanesh 等[34]根据受限资源的密度因子、活动在网络中的位置、环境风险以及活动风险，提出了改进的缓冲大小计算方法。国内许多学者研究时分别考虑了资源紧张度、网络复杂度、管理者风险偏好等不同因素来计算缓冲大小[35-37]。杨立熙等[38]综合考虑了活动数量、活动时间及开工柔性等项目特征，建立计算缓冲大小的公式。高朋和冯俊文[39]、单汨源等[40]从改善工序作业时间估计的角度讨论了缓冲大小的设置问题。

以根方差法为基础的改进方法是基于概率论的，其对于活动方差的计算主要依赖于项目经理对工期不确定性的主观判断，没有针对性和普适性，不能客观度量不同活动不同工期的风险程度。风险是导致活动工期变动的根本原因，基于风险分析角度对不确定因素发生的可能性及其影响进行评估，可以更合理地表达活动执行时间和缓冲时间。鉴于此，施骞等[41]、张俊光等[42]引入模糊方法对资源紧张度及活动工期风险进行估计，在此基础上设置缓冲大小。蒋国萍和陈英武[43]以软件项目为例，提出以风险时间量（风险概率×时间后果）之和为项目配置缓冲。张俊光等[44]在运用分段函数对软件项目工作量进行估计的基础上，考虑风险可能性、风险后果及管理者风险偏好，提出了基于因素驱动分析的工作量缓冲计算模型。梅林等[45]也提出用模糊理论替代传统的概率论，同时将帕累托法则应用于缓冲大小估计，对不同风险活动赋予不同权重。

胡晨等[46]综合考虑项目多资源受限程度和活动资源需求强度对缓冲区大小的影响，定义了一种活动资源影响系数，并结合非关键链剩余缓冲以及模拟方法得到的活动工期风险，提出修正的缓冲大小计算方法。Zhang 等[47,48]考虑项目活动之间的信息流要素及由信息流交互带来的返工风险与返工成本，定义了一种信息资源紧张度，和已有文献中的实体资源紧张度相对应，进而综合两类资源紧张度确定缓冲尺寸；Zhang 等[49]提出平均资源约束和最高峰值资源约束的概念，采用模糊方法给出了基于资源约束的缓冲大小修正方法。

由于各项目活动之间存在的复杂工艺约束关系，插入接驳缓冲之后可能会引起资源冲突，一些学者试图在设置缓冲时规避资源冲突。比如 Hoel 和 Taylor[50]将 FB 大小取为活动的自由时差，将 PB 大小设置为项目在仿真模拟下的某种概率对应完工时间与平均完工时间之差。刘士新等[51]考虑项目活动在指定资源分配方式下的自由时差和非关键链路根方差法的较小值分别设置接驳缓冲区。徐小琴和韩文民[52]也提出将非关键链的标准方差与相应链路最后一个活动自由时差的最小值作为 FB 大小，并分析了缓冲设置过程中的资源冲突问题。王艺等[53]提出非关键链上复合 FB 设置方法，即将非关键链接入关键链的汇入点依据其性质不同进行属性分类（工序逻辑约束汇入点、资源约束汇入点和复合型约束汇入点），不同汇入点采取不同的缓冲计算方式，并将部分 PB 前置到关键链中间，以解决冲突问题。王艺和崔南方[54]进一步提出缓冲优化方法，在根方差法的基础上运用独立时差区分非关键链上的活动，构建了考虑独立时差的接驳缓冲计算和设置方法。另外，还有学者通过对初始关键链计划进行重排来解决冲突问题，比如田文迪等[55]基于分支定界法提出了局部重排和全局重排两种策略。然而，重排方法只解决了插入缓冲后的资源冲突，重排之后又可能出现关键链断裂和非关键链溢出等现象。进一步地，崔南方等[56]提出采用非关键链分散缓冲替代集中缓冲，其原理是优先在延迟开工风险较高的活动前插入缓冲，且通过反复迭代来确定缓冲插入的位置，实验证明该方法可以有效解决关键链断裂及非关键链溢出问题，并增强项目计划的鲁棒性。

2.3　缓冲监控研究现状

对关键链项目尤其是对缓冲进行有效管理是项目成功实施的重要条件。缓冲监控是实施项目进度控制的关键，它提供了一种明晰的方法来建立反馈预警机制以指导管理行动。最早，Goldratt 经验式地将缓冲均分为红色区、黄色区和绿色区三部分进行监控，分别对应于"无行动""计划行动"和

"采取行动"，称为传统缓冲监控方法（traditional buffer monitoring approach，TBMA）。Leach 对 Goldratt 的静态缓冲监控思路提出质疑，他强调随着项目的进行，项目的情况逐渐明了，不确定性程度会逐渐降低，于是提出随着链路的完成比例线性增加两个监控触发点的相对缓冲监控法（relative buffer monitoring approach，RBMA）。别黎和崔南方根据项目实际进度和初始计划之间的差异，动态更新缓冲大小，动态设定监控点及调整两个监控触发点的高低，构建了一个更符合实际的动态缓冲监控模型（dynamic buffer monitoring approach，DBMA）。

图 2.1 显示了以上三种常用方法的缓冲监控阈值设置。其中，TBMA 中缓冲监控的绿黄触发点（计划行动）为 $PT=1/3$，黄红触发点（采取行动）为 $AT=2/3$；对于 RBMA，现有 CC/BM 软件中缓冲触发线的数值大小都是软件开发人员的经验估计，一般设置绿黄触发点为 $PT=0.6\times PCC+0.15$，黄红触发点为 $AT=0.6\times PCC+0.3$，其中 PCC 表示链路完成比例（见第 1.2.3 节）。

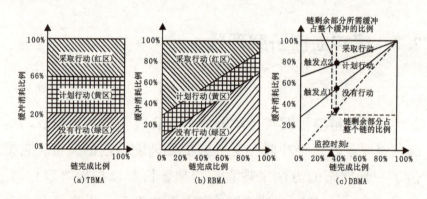

图 2.1　三种基本缓冲监控方法的缓冲触发线设置

此外，赵振宇和吕乾雷[57]将现有的资源缓冲和时间缓冲机制称为单缓冲，提出了进度偏差双缓冲控制模型，以期更好地控制资源变更和保护工期计划。徐小峰等[58]利用挣值管理（earned value management，EVM）中的进度/成本绩效指数，结合贝叶斯估计方法，研究了关键链资源计划的进度偏差预警功能。Zhang 等[59]基于风险管理因素分析和管理者的风险偏好，专门为软件项目设置了一种工作量缓冲（effort buffer），其本质也是一种时间缓冲；然后基于灰度预测模型，提出了一个工作量偏差监控模型。张俊光和徐振超[60]采用模糊方法确定项目缓冲的偏差控制基准，并利用统计过程控制技术实现了对研发项目的动态控制，该方法的优点在于不仅为项目缓冲控制界定了控制阈值，而且也为项目单项活动的缓冲控制提供了控制准则。

2.4　其他拓展研究

目前，有关 CC/BM 的研究主要针对单项目单模式环境，对单项目多模式和多项目关键链的研究非常少。而在实践中，项目活动通常会有多个执行模式可供选择，多个项目并行进行是项目管理的常态，这些拓展问题具有重要的理论和现实意义，值得重视。

2.4.1　活动具有多种执行模式

彭武良等[61]以时间优化为目标建立了多模式关键链项目调度问题模型，组合使用模式优先级规则和活动优先级规则，给出了一种两阶段启发式求解算法。进一步地，Peng 等[62]针对求解 RCPSP 问题的多种活动优先规则和四种模式优先规则，组合成多达 60 种优先规则，通过大规模模拟实验进行绩效对比分析，结果表明基于资源需求最大的活动优先级和总资源使用量最小的模式优先级使得关键链项目的完工绩效最好。

田文迪等[11]将关键链方法应用到多模式的离散时间–资源权衡项目调度问题中，从接驳缓冲大小设置、活动调度优先规则和可用资源数量的影响三个不同角度，对关键链执行时采用接力赛策略与时刻表策略（railway scheduling）进行比较分析。结果表明在文中调度环境下，时刻表策略结合相对较小的接驳缓冲尺寸，可以获得更低的惩罚成本和更好的完工绩效；另外，若同时考虑文中四种绩效指标，建议项目决策者采用开始时间优先规则和保留关键链序列的关键链活动优先规则。田文迪等[11]基于以上实验结论，进一步将资源流网络方法引入到 CC/BM 中，仍然针对多模式离散时间–资源权衡问题，通过设计完备的仿真实验来分析调度优先级及资源流网络分别对接力赛策略和时刻表策略的相互影响。结果显示，在小规模项目环境下，选择哪种组合策略很大程度上取决于绩效指标的偏好，而在较大规模的项目环境下，综合考虑所有绩效评价指标，嵌套资源流网络法的接力赛策略相对较优。

2.4.2　多项目 CC/BM 研究

Goldratt 最早提出了多项目环境中的关键链"五步法":设定各个项目的优先权, 按关键链法分别调度各个项目, 交错项目活动以解决资源冲突, 设定多项目环境下的"鼓"缓冲 (drum buffer, DB) 和能力约束缓冲 (capacity constraint buffer, CCB), 项目执行与缓冲监控。其中, "鼓"缓冲的作用如同单项目中的资源缓冲 RB, 几乎未见有相关研究。针对能力约束缓冲大小设置问题, Leach[8] 参考排队理论, 粗略地建议其大小至少是"鼓"资源能力的 25%。别黎和崔南方[63] 综合考虑"鼓"资源紧张度、"鼓"网络复杂度和"鼓"活动间隙度三个因素, 提出了多项目环境下的集中式 CCB 设置方法。别黎等[64] 进一步研究了多项目中 CCB 的配置位置和大小估计, 根据使用"鼓"资源的活动之间存在间隙这一特点, 提出了分散式 CCB 设置法, 通过数据实验将该法与集中式 CCB 设置法进行对比分析, 结果显示, 分散式缓冲设置法能针对不同的"鼓"计划设置更为合适的缓冲尺寸, 从而可以减弱不确定因素的影响和改善多项目管理绩效。

在多项目关键链调度方面, 李俊亭和杨睿娟[65] 在分析人的行为因素对关键链多项目调度影响的基础上, 设计了以逆向拓扑排序方式选择调度集的优化过程, 通过实例验证了该法能够在一定程度上克服人的不良行为因素对关键链多项目进度计划的影响, 并且具有平衡资源使用率、减少资源在多项目间的转移等效果。Yang 和 Fu[66] 认为传统关键链五步法中基于项目优先级生成基准计划有失偏颇，提出一种基于活动优先级和证据推理的关键链多项目调度方法，将该方法应用于一个国内汽车企业研发过程，结果表明所提方法较之项目优先级方法可以更有效地解决多项目资源冲突。Zheng等[67]针对分布式资源受限多项目调度问题，提出一种基于关键链的冲突消解机制，该算法预先识别出有资源冲突的时间段，进而只针对这些时间段分配全局资源，模拟实验结果表明该方法对于不同大小的算例和不同程度的资源冲突都具备较强的延展性。

刘琼等[68]为提高关键链多项目调度解的鲁棒性（solution robustness），建立了以多项目工期最小化和鲁棒性指标最大化为目标的关键链多项目鲁棒调度模型，提出一种基于遗传算法的混合优化算法进行求解。王伟鑫[69]综合考虑多项目总体完工期、财务成本与鲁棒性目标建立多目标优化模型，设计了一种有效的云遗传算法，以得到多项目关键链的活动调度优先顺序列表。

第3章 基于风险的缓冲大小计算方法

Goldratt 认为，人们在制订计划时会加入大量的安全时间，然而在实际执行过程中，由于"学生综合症"和"帕金森定律"等现象的存在，这些安全时间通常会被浪费掉，从而导致工期延误和成本增加。对此，CC/BM 提出了缓冲的概念，用缓冲代替安全时间，来吸收项目中存在的不确定性和风险因素。缓冲的设置充分体现了风险聚合原理，增强了项目系统的稳定性。

以往研究中的大多数都假设活动工期随机但是服从某一特定分布，并且给出了确定的分布参数。然而，在项目管理实践中，活动工期及其随机性特征取决于诸多因素，比如执行期间的风险环境以及所分配到的资源量等。本章提出一种综合考虑活动工期风险和资源约束风险的缓冲区大小计算方法，通过插入缓冲制订包含了风险评估结果的预应式项目调度计划，以期达到项目时间管理的两大目标，即保证按期完工与保持进度稳定。

3.1　缓冲区大小影响因素度量方法

本节从两个方面来考虑风险的影响进而设置缓冲区大小，其一是项目内外部环境造成的活动工期风险，其二是项目内部网络存在的资源约束风险。

为了下文叙述方便，首先对相关参数进行定义。采用节点式网络 $G=(N, A)$ 表示一个项目，其中 $N=\{0, 1, 2, \cdots, n, n+1\}$ 代表项目活动（或称工序/任务）节点，序号 0 和 $n+1$ 分别表示虚拟首活动和虚拟尾活动（既不消耗时间也不消耗资源），A 代表活动之间的结束–开始型优先关系集合。其他相关参数见表 3.1。

表 3.1　相关参数及其含义

参数	含 义
n	实体（non-dummy）活动的数量
K	资源类别集合
R_k	第 k 种资源的单位时间可用量，$k \in K$
r_{ik}	活动 i 对资源 k 的单位时间资源需求量，$i \in N$，$k \in K$
d_i^B	活动 i 的计划工期，$i \in N$
d_i^R	项目执行时活动 i 的实际工期（随机变量），$i \in N$
s_i^B	活动 i 的计划开工时间，$i \in N$
s_i^R	项目执行时活动 i 的实际开工时间，$i \in N$
m	Monte Carlo 模拟总次数
δ	项目完工期限/截止时间

3.1.1 活动工期风险评估

　　现有方法在计算缓冲大小时，通常假设项目活动时间相互独立，所有活动的安全时间比例一样，从风险角度看这种假设是不合理的，没有考虑到活动之间因风险因素影响而形成的区别与联系。我们知道，每个活动相关的风险因素不同，风险发生的概率不一样，对活动工期的影响程度也不一样，不同的活动根据其工期风险水平应该具备不同级别的不确定性与重要程度，确定缓冲大小时应该对这种区别予以考虑[70]。对此，蒋国萍和陈英武[43]提出根据"风险时间量＝风险概率×时间后果"为软件项目配置缓冲，这种简单的乘积法则远远不能满足现代工程项目网络复杂度高、资源依赖性强、风险因素更多的现实环境，基于风险的缓冲表达亟须更为合理的技术工具。

　　近年来，国内外有越来越多的学者将贝叶斯网络（bayesian network，BN）方法应用到项目的风险分析与评价中，为管理者决策提供可靠的定量依据[71-73]。BN 方法通过图形模型来描述一系列变量及其因果关系，使用概率论来处理各变量之间因条件相关而产生的不确定性，可以将专家意见及先验知识融入现有数据进行分析推理，并且具有基于变化信息而更新事件的能力，可以大大降低多变量统计问题的复杂性[74]。BN 的这些特性为本章考虑风险进行缓冲大小估算提供了可能性与良好接口。

　　具体地，将活动 i（$i=1,2,\cdots,n$）在理想工作条件

（无风险情况）下的完成时间称为"理想工期"（记为 d_i^*），以理想工期为基础来评估风险变量对活动执行时间的影响后果。具有类似风险结构的活动，称之为一组"活动群"，活动群的预先识别可以大大便于风险分析过程。然后，为每个活动群构建基于贝叶斯网络的进度风险（schedule risk based on bayesian network，SRBN）描述图，以反映和解决各种不确定性及相关关系并得到定量结果，具体分为以下两个阶段。

1. 贝叶斯结构学习

这一阶段的目标是确定各活动群受风险影响的贝叶斯网络结构，为每个活动节点赋予属性——活动工期风险，描述为"风险影响下活动预计工期超出理想工期的程度"，将其分为"低""中""高"三个状态，分别表示超出理想工期 d_i^* 的"0~20%""20%~50%"及"50%以上"，所对应的风险后果即体现在活动理想工期的延迟程度上，记为 $w_j \cdot d_i^* (j=1, 2, 3)$，其中，$w_1 \in (0, 0.2)$，$w_2 \in (0.2, 0.5)$，$w_3 \in (0.5, 1)$，权重 w_j 的具体数值在实践中可以根据项目整体所处的风险环境、项目负责人/决策者的风险偏好以及工作团队素质等因素确定。

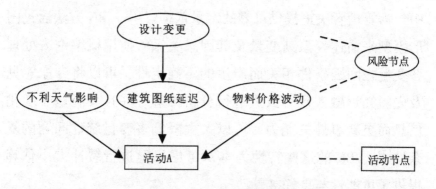

图 3.1　活动 A 的风险贝叶斯结构示例

其他各风险节点均赋予两种状态，即"发生"yes 与"不发生"no。以某活动（活动群）A 为例，图 3.1 显示了影响该活动实际执行时间的风险网络结构图。

2. 贝叶斯参数学习

这一阶段的目标是根据经验数据及专家评估，给出 SRBN 图各非根节点风险的条件概率，进而评估每个活动三个工期风险等级的发生概率，记为 p_i^j（$j=1$，2，3）。仍以活动 A 为例，表 3.2 显示了评估其非根节点风险"建筑图纸延迟"条件概率的问卷示例，属性节点（同时也是非根节点）"活动工期风险"的条件概率评估过程与此类似。运用 BN 软件工具 MSBNx（http：//research. microsoft. com/en-us/um/redmond/groups/adapt/msbnx/）输入各根节点风险（此例中为"不利天气影响""设计变更""资源供应不足"）的先验概率，即可根据条件概率计算公式获得各活动的工期风险概率结果 p_i^j 值。

表 3.2　评估风险节点"建筑图纸延迟"条件概率问卷示例

父节点（如果）"设计变更"		子节点"建筑图纸延迟"	
		Yes	No
状态	Yes	0.8	0.2
	No	0.1	0.9

综上，BN 将定性分析与定量处理相结合，能对风险产生机制中的因果关系进行可视化建模，将风险发生概率与风险后果相统一，并通过风险变量衡量出活动之间的相关性。SRBN 图的构建以及工期风险的评估，能够使管理者首先明确关键风险因素和高风险的关键活动，利于在项目执行过程中

予以重点监控；其次在设置缓冲区大小时，对具有不同程度工期风险的活动区别对待，从而制订更符合项目实际的 CC/BM 进度计划。

3.1.2 资源约束对缓冲区大小影响的度量方法

现有文献在考虑资源因素对缓冲区大小的影响时，通常选取紧张度最大的那种资源，影响系数定义为：

$$r = \max_k \left\{ \frac{\sum\limits_{i \in N} r_{ik} \times d_i^B}{R_k \times T} \right\} \tag{3.1}$$

其中 T 为关键链的长度。这一定义在计算缓冲大小时（调整系数为 $1+r$）对所有活动一视同仁，而在实际应用中，每种资源的受限程度可能不同，活动对多种资源的需求强度也表现出差异，这两个方面都会影响到关键链计划的顺利执行，可以归为"资源约束风险"。

一方面，活动对资源的需求强度可以用资源利用系数 u_i^k 来表示：

$$u_i^k = \frac{r_{ik}}{R_k} \tag{3.2}$$

另一方面，为了衡量每种资源的受限程度，本章从资源分配的角度进行了探索。在基准计划与初始网络 $G = (N, A)$ 的基础上，在具有资源转移关系的两个活动之间加入资源弧 A_R，构成项目资源流网络 $G' = (N, A_R)$。已有研究中学者们提出了多种资源流网络算法。据此，识别因任意资源流动关系而产生的额外约束弧，总的数量记为 $NUM_{G'}$，将单由资源造成的额外约束弧的数量记为 $NUM_{G'}^k$，原项目网络 G 的紧前约束关系数量记为 $NUM_{G'}$，则资源 k 的受限度 r^k 可以描述为针对该资源的约束关系占项目总约束关系 $G \cup G'$ 的比例：

$$r^k = \frac{NUM_{G'}^k}{NUM_G + NUM_{G'}^k} = \frac{NUM_{G'}^k}{NUM_{G \cup G'}^k} \qquad (3.3)$$

显然，u_i^k 越大，表明活动 i 越可能受到第 k 种资源限制的影响；$NUM_{G'}^k$ 越大即 r^k 越大，表示真正形成某资源约束关系的可能性越大，即表明项目的第 k 种资源受限程度越高。进而，定义项目的资源风险系数 RRI_i（resource risk index），表示为：

$$RRI_i = \sum_{k \in K} u_i^k \times r^k \qquad (3.4)$$

3.2　基于两类风险的缓冲区大小计算方法

基于 3.1.1 节工期风险评估结果，以及 3.1.2 节资源风险度量方式，本章提出新的缓冲大小计算方法。首先，将"低"风险纳入理想工期加以直接保护，令：

$$d_i^B = (1 + p_i^1 w_1) \times d_i^* \qquad (3.5)$$

以 d_i^B 作为活动计划工期，各个缓冲的大小由链上活动"中""高"级别的期望风险量之和以及资源风险系数决定，计算公式如下：

$$B^h = \sum_{i=1}^{n^h} (1 + RRI_i)(p_i^2 w_2 + p_i^3 w_3) \times d_i^* \qquad (3.6)$$

其中 n^h 表示关键链（或非关键链）h 上的关键活动（或非关键活动）的数量。以上缓冲计算方法的理由如下：①若仅以理想工期 d_i^* 进行项目基础排程，则即使插入了缓冲，项目执行中绝对的不确定性仍会导致活动频繁超期，实际进度与基准计划出现较大偏离，造成项目执行人员紧张甚至引起混乱；同时，如果将所有或者绝大部分风险都加入排程工期也是不明智的，因为风险及其影响后果都是概率事件，没有必要进行百分之百的保护。所以本章仅将低风险纳入理想工期，而将中、高级别的风险聚合为时间缓冲以保护计划的顺利执行。②实践经验告诉我们，通过直接估计活动工期分布函数或分布参数来评估时间不确定性是很困难的[75]，估计出来的缓冲也不准确。而本章是通过估计风险的发生概率并将其影响定量反映至活动工期，来评估活动工期的风险概率分布，将工期的不确定性与客观风险联系起来，而不是受风险影响的活动本身，从而对不确定性的描述更为具体、可信。③资源风险系数 RRI_i 从多资源受限度和活动资源利用率两个角度，实现了针对不同活动进而针对不同链路的具体化缓冲设置，可以更合理地反映不同非关键链路执行时可能造成的与关键链的资源冲突强度，并将其影响区别化地融入各个缓冲区大小中。

此外，基于贝叶斯网络和资源流网络方法，可以方便有效地实现缓冲大小的动态更新。一方面，已完成活动的紧前网络关系以及资源流网络关系都可以从原网络中剔除，能够对项目不同执行阶段的活动资源风险实现动态评估。另一方面，贝叶斯网络具有很强的不确定推理能力，为风险原因追溯提供了一种应用手段。具体来说，在项目动态执行阶段，对前一活动完成时间的观察可以得到有关风险因素的重要信息（风险溯源），转而又会影响其他活动的工期概率分布（风险传递）。

（1）该风险因素经识别之后可以完全解决，则其对项目其他活动的影响可以消除，于是可以从 SRBN 图中删除该风险变量。

（2）该风险因素经识别之后可以部分解决，那么需要重新估计其概率及影响后果。

（3）该风险因素经识别之后管理者对此束手无策，则需要在 SRBN 图中将该变量"发生"的概率设为"1"，即将先验概率更新为后验概率。

另外还可以根据环境因素的变化或者组织措施的改变等，动态调整受共同因素影响的多个活动的工期风险。这样就可以通过对风险因素及项目实际进度的"学习"，完成风险的传递过程，进而实时更新剩余活动所需缓冲大小（计算公式同式 3.6），从而减少以至避免实际值与计划值的偏离。

以上缓冲大小更新过程将过去的经验和已发生情况纳入管理决策，指导项目管理者根据项目实际执行环境的动态变化准确评估剩余活动的工期风险及资源约束风险，而不是只依赖基准调度计划提供的确定信息，这为实际工程进度控制及动态缓冲监控提供了新的思路。

3.3 算例分析

3.3.1 算例介绍

本节选取一个小型工程建设项目作为算例，以说明所提缓冲计算方法的应用过程。该项目包含 11 个实体活动，用到三种可更新资源（员工、机器、物料），每种资源的限量分别都为 7 个单位（可表示为 $[R_1, R_2, R_3]=[7, 7, 7]$ ），项目网络、各活动的工期和资源参数如图 3.2 所示。

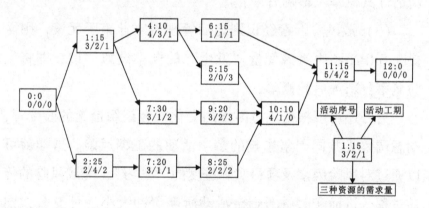

图 3.2 某工程建设项目网络图

第一步，运用 BN 方法确定各活动群受风险因素影响的 SRBN 图，基础风险变量的识别可以采用头脑风暴法、文件评审法、德尔菲法等，或者采取同承包商协商、访问风险管理数据库等方式[76]。表 3.3 给出了针对该类工程建设项目总结出来的影响活动工期的总风险清单，以活动 10 为例，图 3.3 显示了该活动的风险贝叶斯结构与参数学习结果。

表 3.3　工程项目中影响活动工期的总风险清单

影响活动工期的潜在风险因素及分类			与某活动相关?（如是，√标出）
环境	气象条件	天气状况（温度、湿度、阳光、降雨等）	
		灾难性事件（洪水、地震、台风等）	
	地质条件	土壤质量	
		污染事件	
	第三方	违反法律要求	
物料	可得性	原材料供应不足	
		物料质量不合要求	
	市场相关	物料价格波动	
技术	设备	设备数量不够	
		设备损坏、停工	
	方法	引进新技术的风险	
		建设方法不当	
员工	可用性	计划分配的员工不足	
		劳动生产率下降	
		劳动力成本上升	
	专业技能	专家数量短缺	
		关键技术人员缺勤	
	交流	项目团队沟通出现问题	
管理	计划	计划方案延迟	
		建筑图纸延迟	
		设计错误或缺陷	
		需求或设计变更	

续表

影响活动工期的潜在风险因素及分类			与某活动相关？（如是，√标出）
管理	执行	决策缓慢、延迟	
		执行错误造成误工、返工	
		未达到规定要求而造成误工、返工	
	第三方	承包商经验不足	
		财务困难	
		安全事故	

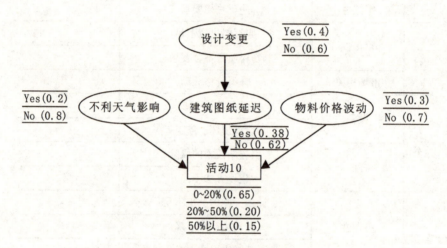

图 3.3 活动 10 的 SRBN 图评估结果

第二步，采用分支定界算法生成逻辑和资源可行的初始调度计划 S^0，基于 S^0 采用 Artigues 等[77]提出的资源流网络算法，得到 $NUM^k_{G \cup G'} = 29$，$[NUM^1_{G'}, NUM^2_{G'}, NUM^3_{G'}] = [17, 10, 9]$，则三种资源的受限度分别为：

$$r^1 = \frac{17}{29}, \quad r^2 = \frac{10}{29}, \quad r^3 = \frac{9}{29}$$

仍以活动 10 为例，该活动对三种资源的资源利用系数分别为：

$$u_{10}^1 = \frac{r_{10}^1}{R^1} = \frac{3}{7}, \quad u_{10}^2 = \frac{r_{10}^2}{R^2} = \frac{2}{7}, \quad u_{10}^3 = \frac{r_{10}^3}{R^3} = \frac{3}{7}$$

进而，根据式 3.4 计算活动 10 的资源风险系数为：

$$RRI_{10} = \sum_{k \in K} u_{10}^k \times r^k = \frac{3}{7} \times \frac{17}{29} + \frac{2}{7} \times \frac{10}{29} + \frac{3}{7} \times \frac{9}{29} = 0.48$$

取 $[w_1, w_2, w_3] = [0.2, 0.4, 0.6]$，则得到各活动的工期风险和资源风险系数结果如表 3.4 所示。

为了进一步说明式 3.4 资源风险系数的合理性，假设此例中三种资源的可用量为 $[R_1, R_2, R_3] = [7, 7, 18]$，则可以得到 $NUM_{G \cup G'}^k = 23$，$[NUM_{G'}^1, NUM_{G'}^2, NUM_{G'}^3] = [16, 11, 0]$。显然，$[R_1, R_2, R_3] = [7, 7, 7]$ 时资源 3 不怎么受限，$[R_1, R_2, R_3] = [7, 7, 18]$ 时资源 3 根本不受限，在项目执行过程中不会造成资源冲突风险，而采用其他文献比如 Tukel 等[27]或者褚春超[25]的资源影响度量方法，则不能很好地表现出多资源环境下的这一差异。

第三步，采用本书第 1 章所述方法识别关键链和非关键链，根据式 3.6 计算各个缓冲区大小（计算结果见表 3.5 第一行），得到图 3.4 所示的关键链基础调度计划。

表 3.4　各活动工期风险及资源风险评估结果

活动序号 i	理想工期 d_i^*	活动工期风险概率分布			计划工期 d_i^B (式 3.5)	工期风险 $(p_i^2 w_2 + p_i^3 w_3) \times d_i^*$	RRI_i (式 3.4)
		p_i^1	p_i^2	p_i^3			
1	15	0.30	0.55	0.15	16	4.65	0.39
2	25	0.49	0.27	0.24	28	6.30	0.45

续表

活动序号 i	理想工期 d_i^*	活动工期风险概率分布			计划工期 d_i^B（式3.5）	工期风险 $(p_i^2 w_2 + p_i^3 w_3) \times d_i^*$	RRI_i（式3.4）
		p_i^1	p_i^2	p_i^3			
3	30	0.41	0.42	0.17	33	8.10	0.39
4	10	0.52	0.33	0.15	11	2.22	0.53
5	15	0.45	0.25	0.30	17	4.20	0.30
6	15	0.32	0.37	0.31	16	5.01	0.18
7	20	0.70	0.18	0.12	23	2.88	0.34
8	25	0.25	0.45	0.30	27	9.00	0.35
9	20	0.67	0.28	0.05	23	2.84	0.48
10	10	0.65	0.20	0.15	12	1.70	0.38
11	15	0.34	0.43	0.23	16	4.65	0.70

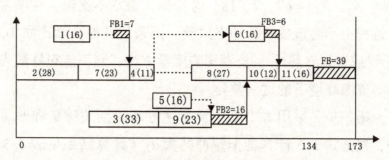

图 3.4　本章方法所得关键链调度计划

3.3.2　绩效对比分析

为了显示本章缓冲大小计算方法的适用性与优越性，本节设计了模拟仿真实验，采用 MATLAB 编译程序，将所提方法（本章提出的新的缓冲大小计算方法）与传统的剪切法、根方差法以及 Tukel 等[27] 考虑资源紧度提出的 APRT（adaptive procedure with resource tightness）方法进行绩效对比。这三种方法也以作为计划工期，按照剪切法以理想工期的一半作为活动安全时间计算缓冲大小。为了突出本章所提资源风险系数的优势，另外考虑了对比方法一，即计算缓冲时基于工期风险的部分与所提方法保持一致，而基于资源风险的部分采用 APRT 方法中的资源紧张度表达方式。几种方法计算出的缓冲大小、项目计划完工期等数据综合列于表 3.5 中。

表 3.5　各方法所得缓冲大小及项目完工期

方法	接驳缓冲			项目缓冲 PB	项目计划完工期 δ
	FB1	FB2	FB3		
所提方法	7	16	6	39	173
剪切法	8	25	8	53	187
根方差法	8	20	8	27	161
APRT 法	9	24	9	35	170
对比方法一	8	20	7	38	172

对以上五个 CC/BM 调度计划各模拟执行 1000 次（$m = 1000$）。其中，活动模拟工期根据表 3.4 的风险概率以区间分布的形式（而不是采用某种特定的分布函数）随机生成，即针对活动 i，生成的 m 个模拟时间值中，有 $100p_i^1 \times m$ 个来自 $[d_i^*, 1.2d_i^*]$ 的均匀分布，有 $100p_i^2 \times m$ 个来自 $[1.2d_i^*, 1.5d_i^*]$ 的均匀分布，另有 $100p_i^3 \times m$ 个来自 $[1.5d_i^*, 2.25d_i^*]$ 的均匀分布，以大致拟合风险对特定活动执行时间

的影响。

需要注意的是，执行 CC/BM 调度计划时，采用并行调度生成机制，从前到后在每一时刻点作出每个活动是否执行的决策；同时采用"接力赛"策略，按照计划开始时间确定活动的调度顺序，除了每条链的初始活动（gating-task）外，其他活动应尽早开始，且关键链上的活动具有优先执行权（见第 1 章）。

定义以下三种基于模拟的绩效评价指标。

（1）项目平均完工期（project completion time，PCT）：

$$PCT = \sum_{q=1}^{m} S_{n+1, q}^{R} / m$$

（2）项目按时完工率（timely project completion probability，TPCP）：模拟完工期不超出计划完工期的概率，其函数为：

$$TPCP = Prob(S_{n+1}^{R} \leqslant \delta)$$

项目完工保证率越高，说明缓冲计算方法越有效。

（3）平均总偏离时间（total deviation time，TDT）：

$$TDT = \sum_{q=1}^{m} \sum_{i \in N} |S_{iq}^{R} - S_{i}^{B}| / m$$

其中 S_{i}^{R} 和 S_{i}^{B} 分别表示活动 i 的实际开始时刻与计划开始时刻，下标 q 表示第 q 次模拟。总偏离时间越大，说明项目执行时相对于基础调度计划的变动越大，由此而产生的执行成本（包括因计划变更产生的各种管理费用和协调费用、项目误工的惩罚费用等）也越高。

根据每种方法下的计划完工期数值（表 3.5），将项目完工期限 δ 分别设置为 165、170 和 175，模拟执行得到 5 种缓冲计算方法的绩效评价指标值，如表 3.6 所示。

表 3.6　项目仿真执行所得绩效指标

方　法	PCT	TDT	TPCP		
			$\delta = 165$	$\delta = 170$	$\delta = 175$
所提方法	148.44	134.09	0.942	0.972	0.993
剪切法	146.82	159.87	0.956	0.980	0.993
根方差法	149.33	149.74	0.929	0.971	0.984
APRT 法	150.81	156.97	0.916	0.964	0.982
对比方法一	149.83	150.74	0.928	0.970	0.987

从表 3.5 可以看出，剪切法所得缓冲最大，项目计划完工期相应最长；根方差法所得缓冲最小，项目计划完工期相应最短；而 APRT 方法和所提方法所得缓冲大小适中。进一步对表 3.6 模拟绩效进行分析可知，执行所提方法生成的 CC/BM 计划，虽然其完工绩效（TPCP 和 PCT）并不是最优的，但是仍然优于根方差法和 APRT 法；最重要的是，较之其他所有方法，所提方法能够得到最低的计划偏离时间 TDT，说明该方法下基准调度计划的稳定性最好。这是由于所提方法在缓冲设置过程中已经详细分析并充分考虑了活动层面的工期风险可能对项目进度造成的不确定影响，并且一方面将部分风险融入计划工期作为活动时间估计的直接补充，另一方面用集中的时间缓冲来吸收其余的概率不确定性，因此能够合理降低工期风险对项目进度计划的影响，有效保护关键链计划的顺利执行。而仅以理想工期作为排程工期或者采用剪切法，虽然能够得到较低的模拟平均完工期，却以更高的计划偏离时间为代价，这在实际中会造成项目执行人员紧张甚至引起混乱，引发不必要的恐慌，降低基准调度计划的参考

价值，进而增加项目的库存成本、运营成本以及其他方面的组织协调费用。

另外，在采用相同工期风险描述方式的前提下，将所提资源风险系数和 Tukel 等[27]提出的资源紧张度（对比方法一）进行比较可以看出，所提方法能够以更小的接驳缓冲提供更高程度的完工保护，计划稳定性也更优，进一步验证了运用资源流网络判断多种资源受限程度的必要性与合理性。综合上述分析，所提方法整体绩效最优，能够在保证较高按时完工率的同时，有效缩短项目工期并保持进度计划稳定。

第4章　基于统计过程控制的
缓冲监控方法

　　项目计划制订后，便进入项目执行与控制阶段。插入大小合适的缓冲以构建基准计划是应用 CC/BM 的基础，而计划是否能够得到正确的执行，在执行过程中出现问题能否得到正确的处理，则是决定项目成功与否的关键。缓冲监控是 CC/BM 的重要内容，是实施项目进度控制的核心，包括设置监控阈值（"监"）和采取纠偏行动（"控"）两个方面。

　　现有缓冲监控阈值设置方法尚存在不足之处，即没有充分利用基准调度计划能够提供的统计信息，因而并不能识别非随机原因，不能在项目执行的不同阶段做出有针对性的可靠评估。对此，本章提出一种基于统计过程控制（statistics process control，SPC）的统计缓冲监控方法，从活动角度定义工期的内在波动，赋予缓冲监控图区分可接受波动与不可接受波动的能力，以期有效指导管理者判断项目进度偏差是否在正常（预期/可控）范围之内，并支持有效追溯至活动层面，提高缓冲监控触发管理行动的准确性。

　　SPC 方法是最初应用于服务业和制造业而发展起来的一

种质量管理技术，它应用统计技术对过程中的各个阶段进行评估和监控，力图建立并保持过程处于可接受的并且稳定的水平。从统计的角度来看，所有的过程都存在固有的变异/普通原因（common causes）和非自然的变异/非随机原因（assignable causes）。当过程仅受普通因素影响时，称其处于统计受控状态，此时过程特性一般服从稳定的随机分布；当过程中存在非随机因素的影响时，称其处于统计失控状态，此时过程分布将发生改变。

控制图（control charts）是 SPC 中最重要的工具，用来监控过程的稳定性、检测非随机原因及预测过程的动向，常见的有 XmR 图、Shewhart 图、累积和图（CUSUM）、指数加权移动平均图（EWMA）等。已有研究通过集成 SPC 和挣值管理方法，提供了一种相对客观且易于实施的项目监控系统。比如，Lipke 和 Vaughn[78]基于挣值绩效指标采用一种 XmR 图计算进度控制界限；Leu 和 Lin[79]也将 XmR 图与挣值管理方法相结合，收集了 120 个项目的历史数据，并针对观测数据的不同趋势建立 XmR 控制图；Aliverdi 等[80]将 SPC 方法用于项目成本挣值控制。以上研究都是根据历史数据或者项目以往绩效确定进度/成本控制界限（control limits），Colin 和 Vanhoucke[81]通过预先界定项目进展的允许偏差（即理想状态），基于挣值指标获得项目进度偏差的容许界限（tolerance limits）。目前还未见有文献将 SPC 用于项目缓冲管理，这为本章研究工作提供了契机。

4.1 构建统计缓冲控制图

4.1.1 缓冲监控阈值设置

按照来源的不同，可将活动工期的不确定性分为两类：①认知性不确定因素。与对项目过程缺乏足够的认知和经验相关，例如由于工程项目具有唯一性和复杂性等特点，工程人员对于活动执行时间的估计缺乏经验，在实施项目时就面临极大的不确定性。②偶然性不确定因素。与项目实施过程中的随机因素有关，例如恶劣天气影响开工、可用资源出现故障或短缺、设计变更等。

以上两个方面的不确定性都将作用于活动工期，造成项目实际进展与基准计划发生不同程度的偏离。结合 SPC 理论，可以认为项目在认知性不确定因素影响下是按计划执行（受控）状态；然而当存在偶然性不确定因素时，缓冲极有可能被过量消耗而超出预定的监控阈值，此时认为项目处于未按计划执行（失控）状态。一个有效的缓冲监控图应当赋予管理者区分这两种项目执行状态的能力。为此，本节通过定义活动层面工期的可接受波动范围，基于 CC/BM 基准计划模拟构建项目层面缓冲监控指标的容忍阈值，进而在项目实际执行时根据缓冲消耗水平和缓冲阈值触发相应的管理行动。

具体地，当仅考虑认知性不确定因素造成的工期波动时，采用活动实际工期相对于计划工期的最大偏离百分比（dev）来表示，考虑到活动工期分布的偏态特性及延迟拖尾效应，将 dev 定义为：

$$dev_i = \begin{cases} dev_i^+ = (\hat{d}_i - d_i)/d_i \\ 2 \times dev_i^- = (d_i - \hat{d}_i)/d_i \end{cases} \quad (4.1)$$

其中 $\hat{d}_i$ 表示活动 i 的随机模拟工期，d_i 表示计划工期（单一确定值），dev_i^+ 代表正向偏差，dev_i^- 代表负向偏差。假设活动工期服从对数正态分布，图 4.1 中阴影部分显示了 $dev_i = 1$ 时活动 i 工期的可接受波动范围。

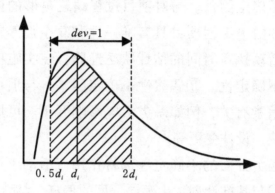

图 4.1 第一阶段活动工期的可接受波动范围示例

我们知道，缓冲大小（记为 B）在一定程度上反映了项目工期的不确定性水平。插入了缓冲的关键链调度计划一方面决定了项目按计划执行的状态（即预期状态）；另一方面应当具备判断项目进度失控与否的能力，这正是通过缓冲监控来实现的。本章基于 SPC 方法构建统计缓冲控制图（statistical buffer control chart，SBCC），采用蒙特卡洛（Monte Carlo）模拟方法获得项目模拟执行数据。根据第 1.2.3 节，在项目模拟执行过程中任一检查点处，检查缓冲消耗水平（记为 BC_p），计算缓冲消耗比例 $PBC_p = BC_p/B$（公式 1.1~1.3）。以缓冲消耗比例 $X = PBC$ 作为进度评价指标，获得项目全生命周期缓冲消耗比例的经验分布函数，表示为：

$$\hat{F}_{X(P)}(l) = \frac{1}{M}\sum_{m=1}^{M}\Gamma_m\{X_{mp} \leq l\}, \quad \forall p \in (1, \cdots, P),$$

其中 M 表示总的模拟次数（即模拟样本总数），$m = 1$，2，$\cdots$，M；P 表示总的观测/检查次数，p 代表每个检查点。Γ（A）是事件 A 的指示函数：

$$\Gamma\ (A) = \begin{cases} 1, & \text{如果 A 是真命题} \\ 0, & \text{如果 A 是假命题} \end{cases}$$

采用统计上限（statistical upper threshold, SUT）和统计下限（statistical lower threshold, SLT）来表示缓冲监控的上/下阈值，其大小分别取为分布函数 F（l）的 α 分位数和 $1-\alpha$ 分位数。根据大数定律，经验分布函数渐近收敛于真实的累积分布函数 F（l）。因此，分位数可由经验分布函数的反函数计算得到，或者直接取为样本分位数的估计值。采用第二种方法，将每次模拟得到的 p 点缓冲消耗比例分别记为 $\{X_{1p}, \cdots, X_{mp}, \cdots, X_{Mp}\}$，按照升序排列得到 $\{X_{(1)p}, \cdots, X_{(m)p}, \cdots, X_{(M)p}\}$，则 $\hat{F}_{X(P)}$（l）的 α 样本分位数可以估计为：

$$\hat{Q}_X(\alpha)_p = (1-\gamma)X_{(j)p} + \gamma X_{(j+1)p} \tag{4.2}$$

其中 $\frac{j-\alpha+1}{M} \leq \alpha \leq \frac{j-2+\alpha}{M}$，$\gamma = \alpha M - \alpha - j + 1$，$j = \lfloor \alpha M - \alpha + 1 \rfloor$。

据此，在某一 α 水平下，针对缓冲消耗比例的上/下监控阈值分别计算为：

$$\begin{aligned} SLT^{\alpha}_{X(p)} &= \hat{Q}_X(\alpha)_p \\ SUT^{\alpha}_{X(p)} &= \hat{Q}_X(1-\alpha)_p \end{aligned} \quad \forall p \in (1, \cdots, P) \tag{4.3}$$

需要指出的是，TBMA 中缓冲监控的下控界限（绿黄触发点）为 $LCT=1/3$，上控界限（黄红触发点）为 $UCT=2/3$；对于 RBMA，现有 CC/BM 软件中缓冲触发线的数值大小都是软件开发人员的经验估计，一般设置下控界限为 $LCT=0.6\times p+0.15$，上控界限为 $UCT=0.6\times p+0.3$，其中 p 表示链路完成比例（见第 2.3 节）。由此可见，所提方法充分利用了特定项目基准计划所能提供的预期信息，赋予了进度控制中辨别计划波动和异常波动的能力，区别于 TBMA/RBMA 等方法不考虑项目特征而泛泛地生成固定的缓冲触发线。

4.1.2 算例说明

某项目网络如图 4.2 所示，图中节点表示项目活动，节点上方数字表示活动的平均工期（假设活动工期服从对数正态分布），节点下方数字表示活动对 5 种可更新资源的需求量。资源 ABCD 的单位时间可用量为一个单位，资源 E 的单位时间可用量有两个单位。使用 1.2.1 节所述方法确定关键链，采用剪切法（50%法）计算接驳缓冲大小，以关键链长度的 30%作为项目缓冲大小，得到关键链调度结果如图 4.3 所示。

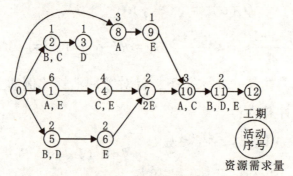

图 4.2　项目网络图

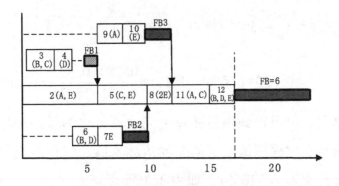

图 4.3 CC/BM 基准调度计划

为方便分析，取 5 次模拟运行结果（$M_1 = 5$），随机活动工期如表 4.1 所示。其中，对数正态分布的均值为基准计划中的确定活动工期，用变异系数（coefficient of variation，cv）来表示工期的不确定性水平，并取 $cv_i = 1$，$dev_i = 0.8$，$\forall_i \in N$。

项目经理在每个活动完成时检查项目缓冲的消耗情况，假设在单个活动的执行期间缓冲是线性消耗的，据此计算出在每个时刻点缓冲的消耗比例，结果见表 4.2。如果希望以固定的时间间隔收集缓冲消耗数据，那么依时间轴的度量就需要转换成依项目完成百分比进行等距度量，本例中取进度完成百分比点为 $p = \{10\%, 20\%, \cdots, 90\%\}$，这一过程可以通过插值法完成。以表 4.2 中模拟情景 1 为例，为了得到该项目在某个完成百分比如 50%处的缓冲消耗比例，首先需要找到离这一比例最近的两个时间点，即 $t_A = 10$（10/21 < 50%），$t_B = 11$（11/21 > 50%），线性插值公式可以描述为：

$$X_{p=50\%}=X_{t_A}+(50\%-PCC_{t_A})\times\frac{X_{t_B}-X_{t_A}}{PCC_{t_B}-PCC_{t_A}}$$

$$=0.333+(50\%-10/21)\times\frac{0.389-0.333}{11/21-10/21}=0.361$$

据此，可以得到项目在每个完成百分比的缓冲消耗比例，进而获得5次模拟情景下的缓冲消耗均值及统计监控阈值上/下限（这里取 $\alpha=10\%$），如表4.3所示。

表4.1　5次模拟情景下的活动工期

次数 \ 活动编号	2	3	4	5	6	7	8	9	10	11	12	项目平均完工期（PCT）
1	6	1	1	7	2	2	3	2	1	2	3	21
2	7	1	1	4	2	3	2	2	1	2	2	17
3	6	1	1	3	3	2	2	3	1	3	3	18
4	6	1	1	5	2	2	2	2	1	2	2	17
5	9	1	1	5	2	2	2	4	1	2	2	20

表4.2　每个时刻点的缓冲消耗比例（PBC）

时刻 t \ 场景 m	1	2	3	4	5	6	7	8	9	10	11
1	0.056	0.111	0.167	0.222	0.056	0.111	0.167	0.222	0.278	0.333	0.389
2	0.021	0.042	0.063	0.083	0.048	0.095	0.143	0.190	0.238	0.286	0.333
3	0.000	0.000	0.000	0.000	0.074	0.148	0.222	0.296	0.370	0.095	0.190
4	0.000	0.000	0.000	0.000	0.048	0.095	0.143	0.190	0.238	0.100	0.200
5	0.056	0.111	0.167	0.222	0.042	0.083	0.125	0.167	0.208	0.133	0.267

续表

时刻 t 场景 m	12	13	14	15	16	17	18	19	20	21	22
1	0.444	0.500	0.250	0.500	0.222	0.444	0.667	0.222	0.444	0.667	
2	0.111	0.222	0.333	0.111	0.222	0.333	0.167	0.333			
3	0.286	0.381	0.476	0.571	0.667	0.222	0.444	0.667	0.333	0.667	
4	0.300	0.400	0.500	0.167	0.333	0.500	0.667	0.222	0.444	0.667	
5	0.400	0.533	0.667	0.167	0.333	0.500	0.667	0.833	0.278	0.556	0.833

表 4.3　项目每个完成阶段的缓冲消耗比例（PBC）

阶段 t 场景 m	10%	20%	30%	40%	50%	60%	70%	80%	90%
1	0.117	0.189	0.128	0.244	0.361	0.478	0.425	0.400	0.267
2	0.040	0.079	0.081	0.171	0.262	0.244	0.256	0.133	0.317
3	0.000	0.015	0.170	0.326	0.143	0.343	0.543	0.311	0.644
4	0.000	0.010	0.110	0.210	0.150	0.360	0.267	0.467	0.267
5	0.122	0.150	0.108	0.200	0.267	0.560	0.233	0.600	0.389
均值	0.056	0.088	0.119	0.230	0.237	0.397	0.345	0.382	0.377
$SLT_{X_p}^{10\%}$	0.000	0.010	0.081	0.171	0.143	0.244	0.233	0.133	0.267
$SUT_{X_p}^{10\%}$	0.122	0.189	0.170	0.326	0.361	0.560	0.543	0.600	0.644

4.2　项目执行与缓冲监控

在项目实际执行过程中，由于认知性及偶然性不确定因素的客观存在，活动工期极有可能偏离计划工期，此时将活动实际工期相对于计划工期的偏离程度记为$\widetilde{dev}_i$。理论上，如果$\widetilde{dev}_i$，SBCC 需要反映出这一异常偏差并发出行动预警信号；如果所有活动的实际工期都在预设的可接受范围之内，那么可以认为该项目整体按计划顺利执行，SBCC 不应产生任何预警信号。

据此，可将缓冲监控过程视为一个假设检验问题，即将某一检查点 p 处的实际缓冲消耗比例记为 Y_p，运用 SBCC 中的统计监控阈值来判断 Y_p 是否满足零假设 H_0（项目按计划执行/统计受控）：

$$SLT^\alpha_{X_p} \leqslant Y_p \leqslant SUT^\alpha_{X_p} \tag{4.4}$$

反之，则拒绝零假设，认为项目未按计划执行。

以上缓冲阈值设置和缓冲监控过程是一个迭代反馈、动态优化的过程，使得管理者能够随项目执行阶段动态更新缓冲控制图并实施监控，称为统计缓冲监控方法（statistic buffer monitoring approach，SBMA）。该方法将项目进度管理划分为两个阶段：首先通过定义活动层面工期的可接受波动范围，基于统计过程控制生成项目的按计划执行状态，即预先采用模拟方法对插入了缓冲的关键链基准计划进行仿真执行，定制式地建立统计缓冲控制图，这一过程为第一阶段；其次在项目执行中实时统计缓冲消耗情况，并将观测数据随项目进展绘制在缓冲控制图中，判断是否应该对活动采取赶工等控制行动，这一过程为第二阶段。基于4.1.2节算例，图4.4给出了第二阶段实际缓冲消耗情况（Y_p）与缓冲控制图的关系示例。

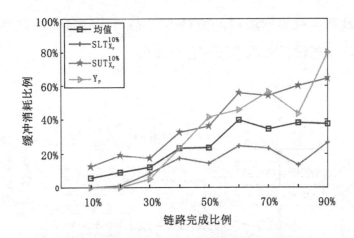

图 4.4　缓冲控制图以及单次执行情况对比

图 4.5 给出了实践中运用所提统计缓冲监控方法的具体步骤（其中参数 A_{per} 的含义见第 4.3.1 节）。具体来说，在项目实际执行过程中，当缓冲消耗位于统计监控阈值范围之内时，不需要采取控制行动；反之，则需要采取相应行动，必要时需重新模拟项目剩余部分的预期执行情况（进入第一阶段），并更新缓冲监控阈值，然后项目继续执行（进入第二阶段）。如果 $Y_p > SUT_{X_p}^{\alpha}$，此时触发的预警信号应当被视作危机，管理者必须追溯至活动层面采取纠偏行动（比如对活动进行赶工、增加资源、进度计划重排等）；如果 $Y_p > SLT_{X_p}^{\alpha}$，此时触发的预警信号可以视作一种机会，管理者可据此调整原来的计划，还可以考虑调整缓冲大小，最大限度地利用已知信息得到更优的调度方案。

可以看出，所提方法很好地集成了活动层面的不确定程度（ *dev*，as-planned variation）和项目层面的不确定水平（A_{per}，not-as-planned variation），同时考虑了项目基准计划的相对性和活动工期波动的绝对性（$\widetilde{dev}_i$），并且能够随项目执行阶段动态设置和调整缓冲监控阈值。

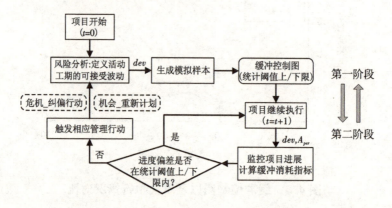

图 4.5　统计缓冲监控方法应用步骤

4.3　模拟实验

为了显示 SBMA 在不同参数环境下的适用性，本节基于 PSBLIB 问题库[82]进行了大规模模拟实验，并将其与 TBMA，RBMA 和 DBMA（见 2.3 节）进行对比分析。为保证可比性，模拟实验中 SBMA 方法与其他方法保持一致，仅在项目开始执行之前生成缓冲控制图，不考虑执行过程中动态更新。

4.3.1　实验设置

如 4.1 节所述，在第一阶段假设活动执行时间在可接受范围内波动，据此构建统计缓冲控制图，而在第二阶段项目实际执行时活动工期则有可能表现出异常波动（即$\widetilde{dev}_i > dev$）。为此，定义一个界值变量A_{per}，表示工期发生异常波动的活动占总活动数量的比例，A_{per}越大，项目越有可能不按计划执行。模拟实验相关参数取值见表4.4。

表 4.4　模拟实验参数设置

参数描述	取　值
活动工期变异系数（假设活动工期服从对数正态分布）	$cv_i \sim U\,[0.5,\ 1]$
按计划执行状态下，活动预期工期与计划工期的最大偏离百分比 dev	$dev \in \{0.4,\ 0.8,\ 1.2,\ 1.6\}$
未按计划执行状态下，活动实际工期偏离程度超出 dev 的活动比例	$A_{per} \in \{20\%,\ 40\%,\ 60\%,\ 80\%\}$
缓冲控制图中进度监控对应的项目完成百分比	$p = \{5\%,\ 10\%,\ 15\%,\ \cdots,\ 90\%,\ 95\%\}$
项目缓冲（PB）	关键链长度的30%
接驳缓冲（FB）	采用根方差法计算
模拟执行次数	$M_1 = M_2 = 1000$

为了衡量各种缓冲监控方法的监控绩效，定义以下两种基于模拟的绩效评价指标。

（1）异常识别率（probability of successful detections，PSD）：在某点处项目层面的缓冲消耗指标超出了缓冲监控阈值上限/下限，而这一预警信号的产生确实是由于 p 在点之前有活动的实际工期波动 dev 超出了预定界限 dev[76]。该指标反映了监控的准确度/响应效度，计算公式为：

$$PSD = \frac{1}{M_2} \sum_{m=1}^{M_2} \Gamma_m \{ \exists p(Y_p < SLT^{\alpha}_{X_p}) \vee (Y_p > SUT^{\alpha}_{X_p}))$$

$$\wedge (\exists j(s_j < p) \wedge (\hat{dev}_j > dev))\}$$

其中 s_j 表示活动 j 的实际开始时间，M_2 表示第二阶段项目模拟执行总次数。

（2）频数：采用蒙特卡洛技术对项目执行进行 M_2 次模拟计算，统计缓冲消耗落在三个区域的频数[15]。对于 SBMA，缓冲控制图中三个区域分别为机会区（SLT 以下）、正常区/无行动区（SLT 与 SUT 之间）、问题区/行动区（SUT 以上）；对于 TBMA 和 RBMA，缓冲监控图中三个区域分别为绿区/无行动区（LCT 以下）、黄区/计划行动区（LCT 与 UCT 之间）、红区/采取行动区（UCT 以上）（见第 4.1.1 节）。

4.3.2 实验结果及分析

首先，表 4.5 列出了四种缓冲监控方法的异常识别率绩效指标值，加粗数字表示对应方法最优。统计结果显示，对于任一种监控方法，一方面，当活动预期工期相对于计划工期的偏离程度较小时（$dev = 0.4$，0.8），异常识别率随着 A_{per} 的增大而增加，即活动预期波动较小时，项目整体层面不确定水平越高，则缓冲监控的效度越高；当 dev 较大时（$dev = 1.2$，1.6），异常识别率随着 A_{per} 的取值变化不大。另一方面，当实际工期偏离预期的活动比例较小时（$A_{per} = 20\%$，40%），异常识别率随偏离程度 dev 的增大先增加后降低；当实际工期偏离预期的活动较多时（$A_{per} = 60\%$，80%），异常识别率随

dev 的增大而降低。即项目整体不确定性较高时，活动层面预期波动越大，缓冲监控方法越难体现出其监控效度。

表 4.5 进一步显示，在任一参数组合下，现有缓冲监控方法的异常识别率优劣关系为 DBMA > *RBMA* > TBMA，表明 DBMA 在监控过程中动态计算缓冲大小有利于实时衡量项目实际进度和初始计划之间的差异，从而也能更好地反映出活动层面的执行信息。SBMA 的异常识别率在任一参数组合下均高于 TBMA / RBMA，而当 $dev = 1.6$ 时 SBMA 稍劣于 DBMA，表明当活动工期预期波动非常大时，模拟方法已不能有效反映出项目的按计划执行状态，此时基于 SPC 生成统计缓冲控制图的监控绩效还不如在项目执行过程中动态更新缓冲大小。总的来说，SBMA 在绝大多数情况下都具有最高的监控准确度，即当项目整体进度失控时其可以最为有效地追溯至活动层面，识别出活动工期是否发生了异常波动，进而采取相应的管理行动（如赶工、增加资源等）。其中在 "低 dev 高 A_{per}" 组合下，所有缓冲监控方法的异常识别率都是最高的。这一结果为实践中项目管理者在实际中结合活动工期风险水平判断缓冲监控的有效性提供了指导。

表 4.5　不同参数组合下 4 种缓冲监控方法的异常识别率

缓冲监控方法	A_{per} dev	20%	40%	60%	80%
	0.4	**0.545**	**0.647**	**0.720**	**0.733**
SBMA	0.8	**0.595**	**0.677**	**0.688**	**0.685**
	1.2	**0.615**	**0.620**	**0.620**	**0.621**
	1.6	0.452	0.440	0.447	0.443

缓冲监控方法	A_{per} dev	20%	40%	60%	80%
DBMA	0.4	0.317	0.510	0.652	0.669
	0.8	0.438	0.639	0.656	0.660
	1.2	0.600	0.619	0.613	0.613
	1.6	**0.499**	**0.483**	**0.492**	**0.492**
RBMA	0.4	0.271	0.403	0.496	0.511
	0.8	0.394	0.491	0.502	0.502
	1.2	0.484	0.487	0.492	0.487
	1.6	0.393	0.387	0.395	0.392
TBMA	0.4	0.198	0.306	0.384	0.392
	0.8	0.271	0.376	0.384	0.388
	1.2	0.354	0.362	0.362	0.361
	1.6	0.289	0.281	0.285	0.285

接下来，在项目进展的各个阶段 $p = \{5\%, 10\%, 15\%, \cdots, 90\%, 95\%\}$，检查 PB 的消耗情况并判断其落入缓冲监控图的哪个区域。其中在 $(dev, A_{per}) = (0.8, 40\%)$ 组合下，4 种方法对应的频数分布如图 4.6 所示，其他参数组合呈现出一致的变化趋势和管理结论。统计结果显示，在项目进展前期，TBMA/RBMA/DBMA 处于无行动区的频数逐渐减少，处于计划行动区和采取行动区的频数在增加；SBMA 处于正常区的频数逐渐减少，处于问题区的频数逐渐增加。这表明随着关键链上活动的完成，缓冲逐步被消耗，问题开始出现。在项目进展中后期，TBMA/RBMA/DBMA 处于无行动区的频数逐渐增多，处于计划行动区和采取行动区的频数逐渐减少；SBMA 处于正常区的频数在增加，处于问题区的频数逐

渐减少。这表明随着越来越多的项目活动被执行完，项目面临的不确定性不断减少，同时接驳缓冲逐渐发挥作用，缓和了前期活动延迟对项目后续执行的影响，这一变化特点也符合项目一般的进展情况。此外，DBMA 落在计划行动区和采取行动区的次数要少于 RBMA 和 TBMA，这表明 DBMA 计划行动和采取行动的可能性远小于 RBMA，考虑到 DBMA 拥有更高的异常识别率（见表 4.5），说明动态更新缓冲大小的DBMA 能够以更少的监控成本获得更高的监控效益。

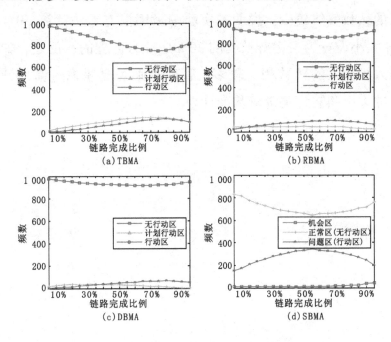

图 4.6　缓冲消耗落入各个区域的频数对比

进一步分析图 4.6 可知，TBMA/RBMA/DBMA 落入无行动区的频数多于 SBMA 落入正常区的频数，TBMA/RBMA/DBMA 落入计划行动区和采取行动区的频数之和少于 SBMA

落入问题区的频数。结合表 4.5 的异常识别率对比结果可知，TBMA/RBMA/DBMA 仍然存在不能及时发出预警信号的风险，即当项目进度真正失控时，TBMA/RBMA/DBMA 追溯至活动层面解决问题的能力更差；而 SBMA 则可以更好地给出整体进度预警信息（问题区），并保证较高的活动异常识别率，从而指导项目管理者采取更合适的控制策略，保证项目按期完工。此外，SBMA 中机会区的提出也具有重要意义，可以用来判断缓冲大小的设置是否合理。图 4.6 中缓冲消耗落入机会区的频数整体较少，说明本实验中采用根方差法计算 FB、将 PB 大小设置为关键链长度的 30%是较为合理的；反之，如果落入机会区的频数相对较多，管理者则需要考虑重新估计各缓冲大小和制订关键链基准计划。

第5章 基于活动敏感度的
缓冲监控方法

对于具有高度不确定性的资源受限型项目环境，从缓冲监控的视角实施项目进度控制，能够有效应对项目执行过程中不确定因素的影响。然而，现有文献中基于缓冲消耗的监控指标是一个项目层面的累积指标，在监控项目整体进度的过程中可能会丢失单个活动的执行信息。这种缓冲监控机制是一种基于项目的自上而下的监控方法，存在着忽视项目内部活动结构以及活动工期敏感度这一重大缺陷，也没有充分考虑项目动态执行的特点，会产生不准确甚至错误的预警信号。

在传统的项目进度管理领域，普遍采用一种基于活动的进度风险分析（schedule risk analysis，SRA）方法[83]对项目进度实行有效监控。SRA法是以活动时间作为随机变量为基础，采用自下而上的监控思路，通过评估各个活动时间对项目工期的敏感程度，在项目执行过程中重点监控高敏感度的关键活动。但是其缺点在于行动预警信息独立于项目整体进度绩效，即只关注高敏感度活动是否拖延而不考虑项目整体的延迟程度。

基于此，别黎[9]在缓冲监控系统中引入 SRA 方法中的活动关联度指标，提出了在缓冲的计划行动区监控中集成活动敏感度信息的监控方法。本章在此基础上进一步拓展，考虑两种监控指标分别设置相应的行动阈值（action threshold），研究敏感度指标监控阈值的动态设定方法，研究如何将敏感度指标与缓冲监控指标相结合构建项目进度动态集成监控模型。

不同于前人研究中将缓冲分为三部分、采用两条缓冲触发线这一惯例（见 2.3 节），本章只采用一个缓冲触发点，定义为相对缓冲消耗指标（relative buffer consumption index，RBCI），表示相对于目前项目进展的缓冲消耗情况，计算公式为：

$$RBCI = \frac{PBC}{PCC} \tag{5.1}$$

其中 PBC 是缓冲消耗比例，PCC 是链路完成比例（见 1.2.3 节）。

从而相应的缓冲监控阈值就是 $RBCI = 1$ 这条触发线，它将进度监控决策分为"有行动区/多行动区"和"无行动区/少行动区"两个方面。如果 $RBCI \leqslant 1$，表示缓冲消耗情况良好，剩下的缓冲应该是足够的，项目不太可能出现延迟，从而管理者不需要采取行动或者仅需要少量行动；如果 $RBCI > 1$，则表示相对于项目进展缓冲消耗过快，剩下的缓冲可能不

足以应对项目风险，项目有较大的可能出现延迟，此时管理
者需要警觉了，需要重点关注那些对项目的完工期有较大影
响的活动并采取有针对性的赶工行动，以有效恢复项目进度。

5.1　活动敏感度指标监控系统

5.1.1　进度风险分析法概述

Vanhoucke[83]将"进度风险分析"定义为衡量项目活动
的工期敏感度（activity sensitivity），该方法可以认为是在
PERT/CPM 的基础上考虑不确定性/风险的一种延伸，这里的
"风险"可理解为"相对于期望值的变动性"。SRA 为确定型
计划中的活动工期赋予某种分布函数，然后采用 Monte Carlo
模拟等方法，获得项目完工期的概率分布，进而估计项目的
进度风险，为初始确定型计划提供一定程度的可靠性。SRA
方法进行项目进度控制的思路是：设置某一敏感度阈值作为
行动触发点（action threshold），敏感度指标值高于此界限值
的活动被称为高敏感度活动，它们具有高风险，是导致项目
整体进度延迟的重要原因、对项目完工期有显著影响；在项
目执行中需对这样的活动重点监控。这是一种基于活动的、
自下而上的进度控制方法，PERT 方法自提出以来，便引起了
理论界的广泛关注并在项目实践中不断发展。为了更好地实
施进度监控，很多学者从不同角度提出了各种反映活动关键
度/敏感度/重要性的指标，表 5.1 对此进行了总结。

表 5.1 常用的敏感性度量指标

文献来源	名称		说明	计算公式
	d_i		活动 i 的工期	
	σ_i (σ_{max})		活动 i 工期的方差（所有活动方差的最大值）	
	tf_i		活动 i 的总时差	
	C_{max}		项目完成时间	
	δ		项目完工期限/截止时间	
	n		项目网络活动总数	
Van Slyke[84]	CI	criticality index	活动落入最长路径（关键路径）的概率	$CI_i = Pr\ \{tf_i = 0\}$
	SI	significance index	各个活动对项目完工期的重要程度	$SI_i = E\ (\dfrac{d}{d_i+tf_i} \times \dfrac{C_{max}}{E\ (C_{max})})$
Williams[85]	CRI	cruciality index	活动工期与项目完工期之间的相关性	$CRI_i = Corr\ (d_i,\ C_{max})$ $= \dfrac{Cov\ (d_i,\ C_{max})}{Var\ (d_i) \times Var\ (C_{max})}$
Bowman[86]	DRI	due date cruciality index	活动工期与项目是否按期完工之间的相关性	$DRI_i = Corr\ (d_i,\ L),$ $L=\begin{cases} 1, & if\ \ C_{max} > \delta \\ 0, & otherwise \end{cases}$

续表

文献来源	名　称	说　明	计算公式
PMBOK[2]	SSI	schedule sensitivity index	综合考虑 CI 指标与活动和项目工期的标准差	$SSI_i = \left[\sqrt{\dfrac{Var\ (d_i)}{Var\ (C_{max})}}\right] \times CI_i$
Madadi 等[87]	MOI	management oriented index	综合考虑活动在项目网络中位置、活动工期变动及对项目工期的影响	若 $E\ (tfi) < s\sigma_i$，$MQI_i = \dfrac{\sigma_i}{\sigma_{max}} \times \dfrac{1}{(E(tf_i)-PD_i+1)}$，否则，$MQI_I = 0$ 其中，$PD_i=$ 活动的后序活动数$/n$；$S\sigma_i$ 是事先定义的某一临界值（如 $S=5$）

5.1.2　活动关联度指标监控阈值设置

根据 5.1.1 节文献研究，常用的活动敏感度指标主要有四种：CI，SI，CRI，SSI。本书基于以下两方面原因，选取其中的关联度指标 CRI 来区分不同活动相对于项目工期的重要性：第一，Vanhoucke[88] 通过大规模模拟实验证明，CRI 和 SSI 要优于 CI 和 SI，可以提供更为准确的工期控制信息；第二，CRI 定义为活动工期与项目完工期之间的相关性，缓冲反映了项目完成时间的不确定性或者变动性，两者都体现了"进度风险"的思想，所以在缓冲监控中引入 CRI 更合适。

基于活动的 SRA 方法通过设置某一敏感度监控阈值，将活动分为高敏感度（高风险）活动和低敏感度（低风险）活动两类，监控阈值设定越大，表示高敏感度活动越少，管理者需重点监控的活动越少；反之则表示高敏感度活动越多。如图 5.1 例示，CRI 行动阈值设置为 0.4，于是 CRI 值高于 0.4 的活动 1、4、6、7 被认为是高敏感性活动，在项目整体进展出现问题的情况下，这几个活动的延迟将更需要相应的管理行动。

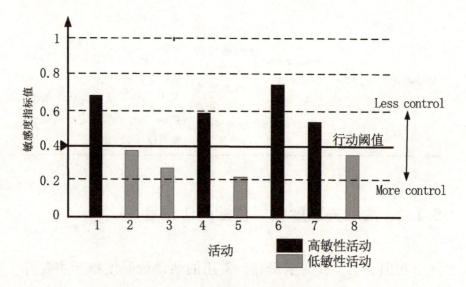

图 5.1 基于活动敏感度的进度监控方法

可见，CRI 监控阈值的设置是否合理决定了项目进度监控效率的高低。众所周知，项目的监控力度需要恰到好处，既不能太粗放，也不要太细致。因为项目的监控是需要付出成本的，如果监控得太粗，则起不到监控的效果，如果监控得太细，则会导致成本较高，使得因监控所带来的收益小于因此所付出的成本，得不偿失。鉴于此，本章提出以下 3 种策略设置 CRI 监控阈值（下文 α 用表示）。

策略 1：α 值随着项目的进展保持不变，即 $\alpha = \hat{\alpha}$。

策略2：考虑到项目执行的动态特征，α 值随项目进展而递减，表示为 $\alpha = \hat{\alpha} - b \times PCC$（$b > 0$，$PCC \in [0, 1]$），其中 PCC 表示当前时间点的链路完成比例，$-b$ 表示递减线的斜率。这种递减设置方式的理由是：项目前期活动的延迟程度一般较小，不太可能严重影响项目完成时间，此时阈值应该设置高些，只要监控较少数量的活动，便可避免触发不必要的管理行动。而在项目执行后期，应该设置较低的阈值，扩大监控范围，因为此时每次对高敏感度活动采取赶工行动都将对缩短项目完工期起到更为关键的作用。

策略3：α 值根据缓冲消耗水平而定，即 CRI 监控阈值大小设置以缓冲控制线 $RBCI = 1$ 来区分。具体地，相对缓冲监控指标 RBCI 越大，意味着剩下的缓冲越有可能不足以抵御风险，此时应该设置较低的 CRI 监控阈值，将更多的关键活动纳入监控重点；反之，若 RBCI 较小，说明缓冲消耗情况良好，项目进度较稳定，那么 CRI 监控阈值可以适当设置高一些，只用监控少部分活动即可，也能够在一定程度上降低项目监控的频度和管理的复杂性。

5.2　缓冲与 CRI 监控指标的集成

根据上文介绍，缓冲监控方法与 SRA 方法各具优缺点，缓冲区消耗的程度提供了一个重要的项目进展状况的衡量标准和预警机制，活动敏感度指标指出了应当重点监控的高风险活动，二者的互补性为项目进度管理提供了新思路。据此，本节提出一个项目进度集成监控模型，称为基于活动关联度指标 CRI 的缓冲监控方法（activity cruciality index CRI based buffer monitoring approach，CRI-BMA），两类监控阈值的设置如图 5.2 所示，集成进度监控方法的实施框架如图 5.3 所示。如此，管理者既可以根据缓冲消耗情况从总体上估计项目进度延迟的风险，找到控制的时间点，即是否应该采取行动；又能根据敏感度信息从微观上识别高风险的关键活动，找到控制的重点，即应该对哪些活动采取纠偏行动。

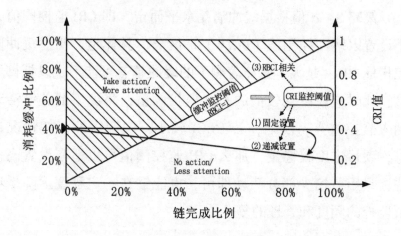

图 5.2 缓冲阈值及 CRI 监控阈值的设定

所提方法的具体实施步骤描述如下。

步骤 0：采用 1.2.1 节所述方法识别关键链与非关键链，采用根方差法计算项目缓冲和接驳缓冲大小，建立 CC/BM 基准调度计划。

步骤 1：$t=0$ 时项目开始执行。

步骤 2：$t=t+1$。关键链项目执行策略见 1.2.3 节。

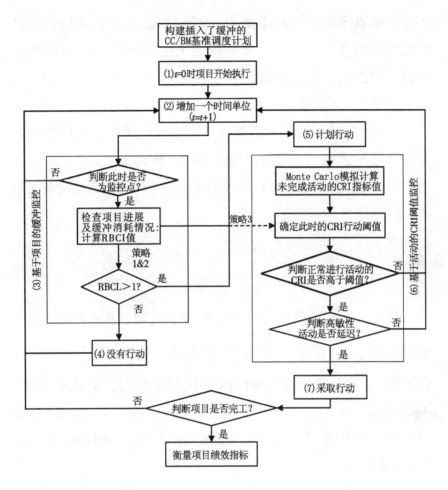

5.3　基于缓冲和活动 CRI 的集成进度监控方法实施框架

步骤 3：判断此时是否为监控点。本章模拟实验假设在每个活动完成时对项目执行一次监控，如果当前时间点没有活动完成，转到步骤 2；如果有某个活动完工，则进一步检查缓冲消耗量，按照式 5.1 计算相对缓冲消耗比例 RBCI 值，并按照 5.1.2 节定义的 3 种 CRI 行动阈值设置方式，采取相应的行动策略。具体来说，针对策略 1 和策略 2：①如果 $RBCI<1$，

不需要采取行动，转到步骤 4；②如果 $RBCI>1$，意味着项目有较大可能发生延迟，管理者应当提前计划好行动以避免情况进一步恶化，转到步骤 5。

步骤 4：不需要采取控制行动。

步骤 5：计划行动，即管理者需要运用活动 CRI 信息识别出高风险的活动，从而加强进度监控，转到步骤 6。

步骤 6：使用 Monte Carlo 模拟方法计算未完成活动的 CRI 值，模拟计算公式如下：

$$C\hat{R}I_i = \frac{\sum_{k=1}^{m}(d_i^k - \bar{d}_i) \times (C_{max}^k - \bar{C}_{max})}{(m-1) \times S_{d_i} \times S_{C_{max}}} \qquad (5.2)$$

其中，m 表示模拟总次数，d_i^k 表示活动 i 第 q 次的模拟工期，$\bar{d}_i$ 是活动 i 模拟 m 次的工期平均值，C_{max}^k 是第 k 次的项目完工期，$\bar{C}_{max}$ 是项目完工期模拟 m 次的平均值，S_{d_i} 代表活动 i 工期的标准差，$S_{C_{max}}$ 代表项目完工期的标准差。项目的执行仍然采用并行调度生成机制，按照 EBST 规则调度执行（见 1.2.3 节）。

其次，确定此时正在进行的活动及其后续活动的 CRI，进而确定此时的 CRI 监控阈值：针对策略 1，CRI 行动阈值固定设为 $\hat{\alpha}$；针对策略 2，CRI 行动阈值呈递减设置为 $\hat{\alpha}-b \times PCC$；针对策略 3，CRI 行动阈值与 RBCI 值呈负相关。

接着，判断正在进行活动的 CRI 是否高于阈值，如果是，且观测到该活动发生延迟，执行步骤 7；否则，转到步骤 2。

步骤 7：采取赶工行动。

5.3　实验分析

本章实验选取 RCPSP 领域常用的两套标准测试数据集，Patterson 问题库[89] 和 PSBLIB 问题库[82]，采用 MATLAB 编写和运行程序，将所提方法与当前广泛运用的相对缓冲管理法 RBMA 进行比较分析。其中，Patterson 例库包含 110 个测试实例，问题规模中活动数量从 7 个到 50 个，可更新资源种类从 1 种到 3 种。PSPLIB 问题库更为全面，是由 RCPSP 测试实例生成软件 ProGen 产生的，该例库中问题规模分为 30、60、90 和 120 个活动，分别包含 480、480、480 和 600 个测试实例。本章针对 PSPLIB 问题库选取了含有 30 个活动的 480 个项目网络进行测试。

5.3.1　实验设置

模拟实验数据的选取须反映数据的真实分布特征，考虑到工序工期的偏态分布特性，采用对数正态分布来生成任务随机工期，均值为项目网络中给出的活动时间（也即 50%完工可能性的工期），项目不确定性水平以变异系数（coefficient of variation,）表示。Herroelen 和 Leus[90]，Tukel 等[27]，Bie 等[33] 也采用对数正态分布来研究关键链项目的调度执行问题。

设定每个活动的完工时间点为缓冲监控点，即当每一个活动完成时，执行一次监控。在 CRI-BMA 进度监控模型中，高敏感性活动的模拟赶工时间从 $[0, d_i \times CRI_i]$ 的均匀分布函数上随机产生，其中蕴含的管理意义是敏感度指标越高的活动赶工越多，因为其工期变动对项目工期不确定性的影响更大；而在相对缓冲监控方法中，缓冲消耗侵入红区时需要采取赶工行动，由于没有活动敏感度之分，从实际角度出发，设置活动 i 的模拟赶工时间从 $[0, d_i \times 0.5]$ 的均匀分布函数上随机产生。

本章计算实验在模拟管理者的赶工行动时，遵循这样的规则：如果是 PB 消耗量超出行动阈值，那么后续关键活动成为待赶工活动；如果是 FB 消耗量超出行动阈值，则相同链上的后续非关键活动成为待赶工活动，若后续无非关键链活动则考虑对汇入点之后的关键链活动进行赶工。

设定以下四种绩效指标以衡量不同方法的监控有效性。

（1）总赶工活动数（number of expediting activities，EA）：项目从开始到完成的所有赶工活动数量的总和，并对模拟次数求平均值。这一指标用来衡量项目监控中活动赶工的频率，其值越大，管理复杂性越高，计划变更也越大。

（2）总赶工时间（total expediting time，ET）：项目从开始到完成的所有活动赶工时间（用符号 et 表示）的总和，并对模拟次数求平均值，计算公式为 $ET = \sum_{q=1}^{m}(\sum_{j=1}^{n} et_{jq})/m$。在不考虑单个活动单位赶工时间成本的情况下，赶工时间越长，所需的赶工费用越高，意味着项目团队需要付出更多的控制努力以保证项目按时完工。

（3）项目按时完工率（TPCP）：模拟完工期不超出计划完工期的概率，其函数为 $TPCP = Prob\ (S_{n+1}^{R} \leqslant \delta)$。项目完工保证率越高，说明进度监控方法越有效率。

（4）项目平均完工期（PCT）：用来表示项目监控中采取或不采取赶工行动的模拟平均完工期，计算公式为

$$PCT = \sum_{q=1}^{m} S_{n+1,\ q}^{R} / m \ 。$$

以上四个评价指标，前两个反映了项目管理层的监控负荷，后两个度量了项目时间绩效。针对每个项目例子及每个 cv 值，项目模拟执行 1000 次（$m = 1000$）以计算平均绩效，实验已证实进一步增大模拟次数对实验结果及结论没有实质影响。

为了说明在本章所提模型框架下，怎样设置最合适的 CRI 监控阈值，以获得最好的监控绩效，首先进行了模拟实验一，采用一个简单的项目实例测试不同的 CRI 监控阈值对于项目各个绩效指标的影响。其次，进行了模拟实验二，将所提方法与传统的 RBMA 方法及无任何行动策略进行比较。在两个实验中，变异系数取为 $cv \in \{0.4,\ 0.8,\ 1.2\}$ 三种水平，分别代表不确定性水平低（low，L）、中（medium，M）、高（high，H）三个级别。

5.3.2　CRI 监控阈值的影响

模拟实验一选取的项目网络如图 5.4 所示，包含 11 个实际活动，只需要一种可更新资源，资源可用量为 7 个单位。

采用5.2节步骤0所述方法进行关键链调度及插入缓冲后，得到 CC/BM 基准调度计划如图5.5所示。

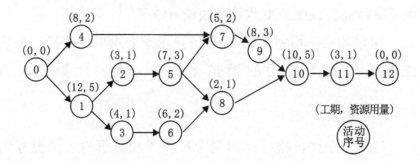

图5.4　项目网络及活动工期、资源信息

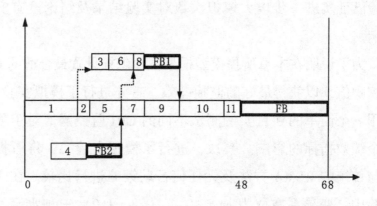

图5.5　插入缓冲的 CC/BM 基准调度计划 BS

根据基准调度计划，采用对数正态分布生成每个活动的随机模拟工期，对项目模拟执行 1000 次，按照式 5.2 计算每个活动的 CRI 值，结果见表 5.2。为了降低模拟实验的复杂性及节约模拟时间，本实验仅在项目正式开始执行前得到每个活动的静态 CRI 值；而在实际应用中，建议项目管理者在每个执行阶段动态更新剩余活动 CRI 值，以增强进度监控的准确性。

表 5.2　每个活动的 CRI 指标值

活动	1	2	3	4	5	6	7	8	9	10	11	中位数
CRI	0.501	0.118	0.011	0.181	0.340	0.075	0.027	−0.055	0.483	0.497	0.155	0.181

由于 CRI 监控阈值应该低于所有活动的最大 CRI 数值，否则没有活动是高敏感性活动，CRI 指标也就失去了作用。因此，在模拟实验一中，分别设定 CRI 阈值为 0，0.05，…，0.5（间距为 0.05）共 11 个水平。表 5.3 列出了在三种不确定性水平下，不同的 CRI 监控阈值得到的项目绩效指标数值，图 5.6 进一步描绘了各个绩效指标针对不同 CRI 监控阈值的变化趋势。

表 5.3　CRI 监控阈值对项目绩效指标的影响

α	EA			ET			TPCP			PCT		
	L	M	H	L	M	H	L	M	H	L	M	H
0	0.780	1.120	0.947	1.276	1.988	1.743	0.958	0.874	0.865	51.112	50.919	49.540
0.05	0.781	1.117	0.940	1.313	2.013	1.738	0.956	0.876	0.864	51.082	50.909	49.559
0.1	0.698	0.978	0.844	1.258	1.881	1.569	0.955	0.874	0.860	51.073	50.964	49.664
0.15	0.644	0.905	0.787	1.202	1.849	1.612	0.957	0.869	0.861	51.114	50.966	49.630
0.2	0.595	0.835	0.719	1.189	1.783	1.541	0.948	0.868	0.856	51.129	51.038	49.700
0.25	0.478	0.669	0.562	1.082	1.584	1.382	0.944	0.863	0.851	51.242	51.216	49.845
0.3	0.484	0.676	0.562	1.050	1.614	1.382	0.943	0.864	0.852	51.269	51.183	49.846
0.35	0.303	0.470	0.418	0.800	1.274	1.159	0.943	0.858	0.850	51.492	51.462	50.021
0.4	0.306	0.470	0.414	0.810	1.308	1.139	0.936	0.857	0.846	51.486	51.449	50.047
0.45	0.306	0.469	0.421	0.845	1.280	1.145	0.941	0.856	0.848	51.446	51.476	50.035
0.5	0	0	0	0	0	0	0.910	0.812	0.809	52.289	52.688	51.127

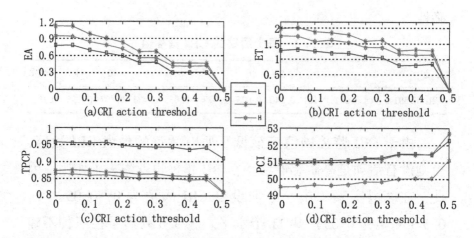

图 5.6　CRI 监控阈值对项目绩效指标的影响关系

从表 5.3 和图 5.6 可以看出，当 CRI 阈值较低，为 0~0.2 时，大部分活动被认为是高敏感度活动，管理者采取赶工行动的频率相应较高，所以总赶工时间及总赶工活动数都保持较高水平；当 CRI 阈值较高，为 0.3~0.5 时，只有少部分活动被认为是高敏感度活动而需要被监控，从而需要赶工的活动数相应较低，此时总赶工时间也相应较低。

需要注意的是，更好的时间绩效要求在保证较短项目完工期的同时保持较高的按时完工率；同时，需要赶工的活动数越少并且总赶工时间越短，意味着管理者所需的监控程度越低，这对项目管理层越有益。综上所述，将 CRI 监控阈值设置为活动 CRI 的中位数（本例中为 0.181）附近，既可以得到较低的监控负荷及较短的项目实际完工期，又可以保证相对较高的按时完工率。从图 5.6 中各条曲线的变化趋势也可以看出 $\hat{\alpha} = 0.2$ 时总体绩效最优。另外，将固定情况下的 CRI 监控阈值设置为各活动 CRI 的中位数，也是为了方便模拟实验二进行大规模仿真分析，此时有 50%的活动成为高敏感度活动而被监控，然后管理者在此基础上根据项目完成比例（策略 2）或者缓冲消耗水平（策略 3）调高或者调低，实际中还可以根据项目的阶段重要性及管理者的风险态度等动态调整 CRI 监控阈值。

5.3.3 绩效对比分析

模拟实验一假设 CRI 监控阈值在项目进展中保持不变，结果显示阈值设置为活动 CRI 中位数时可以得到整体上最优的项目绩效，即固定情况下 $\alpha = \hat{\alpha}$（median）。基于这一结论，模拟实验二比较了所提方法（3 种 CRI 监控阈值设置策略）、传统的 RBMA 以及无行动情况的项目绩效水平，表 5.4 总结了各方法所对应的缓冲监控阈值及 CRI 行动阈值的设置方式。表 5.5、表 5.6 给出了 CRI 阈值固定情况下（策略 1）的对比结果。

首先，随着不确定性的增加，项目按时完工率 TPCP 降低。显然，更高的不确定性水平意味着项目面临的风险越大，项目延迟的可能性增大，从而按时完工率降低。当管理者采取赶工行动时，项目完工期 PCT 随着不确定性的增加先增大后减小。由此可见，当不确定性越来越高时，采取赶工行动对于项目完工期的控制作用更为有效，因为不确定性更高时项目活动出现真正延迟的概率也更高，从而纠偏措施带来的正效应越明显。此外，相对于不采取任何控制行动，基于缓冲监控的赶工策略可以获得更高的按时完工率以及更短的项目完工期，这验证了缓冲管理方法在保护项目完工绩效方面的有效性。

表 5.4　各对比方法的缓冲阈值及 CRI 阈值设置方式

方法	缓冲监控阈值	CRI 行动阈值
CRI-BMA_1	$RBCI>1$	固定：$\alpha=\hat{\alpha}$（$median$）
CRI-BMA_2	$RBCI>1$	递减：$\alpha=\hat{\alpha}-0.2\times PCC$
CRI-BMA_3	以 $RBCI=1$ 区分	RBCI 相关：$\alpha=\hat{\alpha}+0.2\times(1-RBCI)$
RBMA	$PBC>0.3+0.6\times PCC$	-

表 5.5　不同控制策略的绩效对比结果（基于 PSPLIB 问题库）

绩效指标	L（$cv=0.4$）			M（$cv=0.8$）			H（$cv=1.2$）		
	CRI-BMA_1	RBMA	无行动	CRI-BMA_1	RBMA	无行动	CRI-BMA_1	RBMA	无行动
EA	0.671	0.955		0.932	1.721		0.868	1.899	
ET	1.131	1.925		1.537	3.532		1.442	3.903	
TPCP	0.998	0.999	0.975	0.956	0.967	0.918	0.931	0.945	0.896
PCT	62.651	62.122	65.446	65.759	64.723	69.011	65.618	64.543	70.861

表 5.6　不同控制策略的绩效对比结果（基于 Patterson 问题库）

绩效指标	L（$cv=0.4$）			M（$cv=0.8$）			H（$cv=1.2$）		
	CRI-BMA_1	RBMA	无行动	CRI-BMA_1	RBMA	无行动	CRI-BMA_1	RBMA	无行动
EA	0.763	1.197		0.945	1.827		0.840	1.908	
ET	1.164	1.733		1.351	2.669		1.163	2.792	
TPCP	0.990	0.992	0.970	0.945	0.935	0.891	0.921	0.933	0.857
PCT	42.790	42.350	44.604	44.032	43.365	47.131	43.385	42.740	49.427

其次，对于 RBMA，其赶工活动数及赶工时间都随不确定性的增加而增大。我们知道，不确定性越高，项目必然越容易偏离原定的基准计划，管理者需要对计划进行变更的频次也就越高，从而须针对较多的活动采取纠偏措施，导致监

控负荷也就越大。然而，对于 CRI-BMA，随着不确定性的增加，EA 和 ET 却是先增加后减小。乍一看这似乎不符合管理逻辑，进一步分析可以发现，敏感度指标的引入是产生这一现象的根本原因。在基于活动 CRI 的进度监控方法中（见5.1.2节），是否对某个活动采取赶工行动取决于该活动的CRI 值。当不确定性处于低、中水平时，绝大多数的敏感性活动都不会怎么偏离原计划执行时间，不会对项目工期产生较大的不良影响，此时触发的赶工行动就会相应增加管理者的监控负荷；而当不确定性很高时，活动的延迟真正影响到项目工期的概率就越高，此时基于 CRI 的监控系统便可以产生更为合理的行动预警信号，从而在不增加整体进度风险的情况下有效提高监控绩效，即所需的赶工活动数和赶工时间呈现下降趋势。

从表5.5、表5.6中还可以看出，不论项目不确定性水平高或者低，本章所提进度监控方法（CRI-BMA）的赶工活动数和赶工时间都低于相对缓冲监控法 RBMA，并且随着不确定性程度的增大，这种优势愈加明显。

另一方面，两种监控策略都能保证几乎相等的按时完工率，项目模拟完工期之间的差别也非常小，不过 CRI-BMA 要略次于 RBMA，特别是当不确定性较高的时候。这一现象的原因可以解释如下：从图2.1(b) 和图5.2可以看出，CRI-BMA的缓冲监控阈值（$RBCI=1$）通常都低于 RBMA 方法中的红黄触发线；另外，当变异系数 cv 越高时，活动工期的波动越大，缓冲消耗也会相应地更快。因此，采用CRI-BMA就可能过早地或者更为频繁地触发一些不必要的赶工行动，即使有敏感度信息作为进一步的行动指导，纠偏措施对项目完工时间的贡献却不成比例。而采用 RBMA 没有活动关键度之分，所有导致缓冲侵入红区的活动延迟都要赶工，因此该方法可以更好地保护项目完工绩效，即相对于 CRI-BMA 可以保证稍微更短的完工时间及稍高的按时完工率。但是，对于这个结果，项目管理者需要注意的是，RBMA 是以更高的赶工活动数量和赶工时间为代价，才获得了相对较好的完工绩效。而 CRI-BMA 的平均赶工时间远远低于该方法和无行动策略之间的完工期之差，也就是说，由于敏感度指标 CRI 的引入，CRI-BMA 能够以更低的赶工频率与赶工时间即总体更少的赶工负荷达到相对更高的完工绩效。以表 5.5 中的高不确定性情况为例，可以看到，$1.442 \ll (70.861 - 65.618)$。

接下来，将 CRI 监控阈值动态设置方法（策略 2 和策略 3）与静态设置方法（策略 1）进行了比对，结果见表 5.7、表 5.8。通过分析可以得到以下三点结论：①两种动态阈值设置方法几乎全面优于固定阈值设置方法，说明根据项目绩效情况动态调整 CRI 监控阈值是非常必要的，可以提供更为有效的行动指导策略。②CRI 阈值采用递减方式的监控绩效最优。我们知道，缓冲监控系统采用随项目进展而递增的行动触发线，认为项目早期执行阶段是非常关键的，因为此时面临着整体上更大的不确定性；而随着项目的进展，越来越多的活动被执行完，项目面临的不确定性也会不断减小，所以后期阶段的缓冲触发点设置较高，避免引发不必要的管理行动，这实际上是一种前置监控策略（front-loaded）。另外，缓冲管理认为项目管理者不应该太早就用掉预留的时间缓冲，所以前期的缓冲触发点设置较低[8]。而采用递减方式设置 CRI 监控阈值，因为在项目早期阶段，一般只有少数活动出现延迟，并且不会对项目工期产生实质性的影响；越到后期，高敏感度活动发生延迟并且严重影响项目工期的可能性越大，所以应该将更多的活动纳入监控范围，这一点也符合随项目进展而需要加紧关注并控制项目绩效的事实，是一种后置监控策略（end-loaded）。由此可见，递增的缓冲触发线和递减的 CRI 阈值设置，两种监控逻辑形成了很好的互补关系，获得了相应最优的监控效果。③基于 RBCI 的阈值设置方式要劣于递减设置方式，是因为前者在缓冲消耗处于安全水平时（$RBCI<1$），仍然将很小一部分高敏感度活动视为监控对象并加以控制。这种做法一方面保证了稍微更优的时间绩效，另一方面却也导致了一些不必要的、无效率的赶工行动，因为当 $RBCI<1$ 时项目并没有出现真正的大问题。

表 5.7　CRI 阈值动态设置与固定设置方式绩效对比
（基于 PSPLIB 问题库）

绩效指标	L（$cv=0.4$）			M（$cv=0.8$）			H（$cv=1.2$）		
	固定	递减	RBCI 相关	固定	递减	RBCI 相关	固定	递减	RBCI 相关
EA	0.671	0.524	0.607	0.932	0.727	0.859	0.868	0.674	0.800
ET	1.131	0.855	1.004	1.537	1.159	1.307	1.442	1.075	1.183
TPCP	0.998	0.998	0.998	0.956	0.955	0.957	0.931	0.929	0.931
PCT	62.651	62.657	62.620	65.759	65.849	65.752	65.618	65.750	65.640

表 5.8 CRI 阈值动态设置与固定设置方式绩效对比

（基于 Patterson 问题库）

绩效指标	L（$cv=0.4$）			M（$cv=0.8$）			H（$cv=1.2$）		
	固定	递减	RBCI 相关	固定	递减	RBCI 相关	固定	递减	RBCI 相关
EA	0.763	0.659	0.777	0.945	0.782	0.942	0.840	0.683	0.827
ET	1.164	0.898	1.117	1.351	1.051	1.312	1.163	0.916	1.136
TPCP	0.990	0.990	0.990	0.935	0.931	0.935	0.911	0.906	0.910
PCT	42.790	42.809	42.748	44.032	44.112	43.998	43.385	43.484	43.367

综上所述，本章提出的考虑活动敏感度的缓冲监控方法要优于传统的相对缓冲监控法，即能够以更短的赶工时间和更少的赶工活动数，得到相差无几的项目实际完工期，并且能保证相对较高的按时完工率。相对缓冲消耗指标提供了一个重要的项目进展状况的衡量标准和预警机制；活动敏感度指标衡量了活动不确定性对项目工期不确定性的影响程度，它是项目进度风险概率的重要体现，可以突出管理者的监控重心。因此，根据活动敏感度采取赶工措施将使得管理行动更有针对性，高敏感度活动工期的些许减少就可能带来很大的项目进度绩效改进。而相对缓冲管理法没有活动关键度之分，所有导致缓冲侵入红区的活动延迟都要赶工，而有些活动工期的减少对项目总工期的影响很小或者几乎没有影响，所以赶工效率不高。

实际上，利用对缓冲的监控，可以跟踪项目的整体进展情况，找到控制的时间点（即何时该采取行动）；利用对活动敏感度的监控，可以找到控制的重点（即对哪些活动采取什么样的行动）。缓冲监控阈值和 CRI 行动阈值都可以作为进度预警信号，通过将这两种监控体系结合起来，管理者的监控重心只要限制在少数关键活动上，便能够对项目的整体进展情况做出准确反应，从而为项目进度风险控制提供决策依据，指导管理者做出更可靠、更有效的控制行动。此外，相对于静态阈值设置方法，依据项目进展百分比或者当前缓冲消耗水平动态调整 CRI 监控阈值，可以进一步提升进度风险控制的精度和效度。

第6章　考虑赶工成本的进度控制方法

第5章将活动敏感度指标引入缓冲监控系统中，构建了一个有效的集成进度监控模型，但是其在制订以及采取纠偏行动时没有考虑活动的赶工成本信息，在衡量管理者的监控负荷时假设每个活动的单位时间赶工成本相同，这其实并不符合项目控制实践。在项目实施过程中，每个活动都有可能因不确定因素（比如自然灾害、资源不够、合同纠纷等）发生延误，如果最终项目完成时间超出预定期限，就要受到延期惩罚；而如果提前采取赶工行动以缩短某些工序的执行时间，也需要付出相应的赶工费用。这样就不可避免地造成需要在项目总工期与赶工成本之间求取时间费用均衡，即如何合理地压缩活动的执行时间（即对活动进行赶工），以得到一个满足工期要求的最小成本，或者是满足费用预算的最短工期。

基于确定型关键路径法（CPM），Kelley[91]和Fulkerson[92]最早提出了工期成本优化的基本方法，即用最低的额外费用逐个单位地缩短关键路径上某些活动的执行时间，直到项目预期完成时间满足工期要求，实践中称之为"边际成本最小法"。此外，随着计划评审技术（PERT）的引入，越来越多的学者开始关注随机型时间费用权衡问题，力图在活动工期不确定条件下制订最优赶工策略[93,94]。然而，当活动工期存在不确定性或者项目网络具有多条关键路径（或近关键路径）时，基于传统 CPM/PERT 框架的项目控制策略在大多数情况下都不能得到最优的赶工计划[95,96]。

关键链缓冲管理（CC/BM）方法由于其对资源约束及不确定性的思考，克服了上述理论缺陷。其中，缓冲监控提供了一种重要的项目进度控制机制，利用对缓冲的监控可以跟踪项目的整体进展情况，找到控制的时间点（即何时该采取行动）。然而，到目前为止，还没有学者基于 CC/BM 研究活动执行时间和所需赶工费用之间的综合控制问题，没有学者在活动赶工程度方面给出具体有效的指导策略。因此，出于更实际的进度控制需要，本章基于缓冲监控提出一种考虑活动赶工成本的项目进度控制方法，以期在 CC/BM 管理框架下对项目工期和成本目标进行动态优化和协调管理，即以尽可能低的赶工费用使得进度计划的执行满足完工要求。

6.1 建立数学优化模型

为了描述基于 CC/BM 的活动赶工问题，本节建立了一个数学优化模型。相关参数及其含义如表 6.1 所示。

表 6.1 相关参数及其含义

参数	含义
ec_i	活动的单位时间赶工成本（expediting cost）。采用简单的线性成本–工期函数，于是表示将活动的完成时间减小一个单位的边际成本
et_i	活动 i 的可行赶工时间
m	Monte Carlo 模拟总次数
d_i^R	项目执行时活动 i 的实际工期（随机变量），$i \in N$
d_{iq}^R	活动 i 第 q 次模拟执行时的实际工期
δ	项目完工期限
δ_q^+	项目第 q 次模拟时的完工时间超出预定完工期限 δ 的正向偏差（未能按时完工）
δ_q^-	项目第 q 次模拟时的完工时间低于预定完工期限 δ 的负向偏差（按时完工）
U_q	0–1 变量，$U_q=1$ 表示第 q 次模拟时项目未能按时完工，否则有 $U_q=0$
α	预设的最低按时完工率
M	随机设定的一个比较大的正数（大 M 方法）
v_i	活动 i 的最大可赶工时间。实际项目中对活动采取赶工措施后，应该有一个最短工期限制（minimum crashed working time, MIND）。为方便起见，本章在模拟实验中将这个最低工期 $MIND_i$ 设置为活动平均工期的某一比例（用 $Dper$ 表示），即 $MIND_i = \lceil Dper \times d_i^B \rceil$，则有 $v_i = (d_i^B - MIND_i)$

在时刻 t，当根据缓冲消耗情况触发行动阈值时，项目管理者当前面临的赶工决策是：在满足给定的按时完工率要求的条件下，选择最优的赶工策略以最小化总赶工成本。对此，建立数学模型如下。

$$\min \quad z = ec_j \times et_j + \sum_{k \in \{S_j^t\}} (ec_k \times et_k) \tag{6.1}$$

$$s.t. \quad t + d_j^R - d_j^E + \sum_{k \in \{S_j^t\}} d_{kq}^R - (et_j + \sum_{k \in \{S_j^t\}} et_k) - \delta_q^+ + \delta_q^- = \delta,$$

$$S_j^R < t \leq S_j^R + d_j^R \tag{6.2}$$

$$M \times U_q \geqslant \delta_q^+, \quad q = 1, 2, \cdots, m \qquad (6.3)$$

$$1 - \frac{1}{m} \sum_{q=1}^{m} U_q \geqslant \alpha \qquad (6.4)$$

$$et_i \leqslant v_i, \qquad i = 1, 2, \cdots, N \qquad (6.5)$$

考虑到接驳缓冲及资源缓冲对关键链上活动的保护作用，该优化模型只考虑了关键链的执行情况。其中，活动集 $\{S_j^1\}$ 表示与活动 j（时刻 t 正在进行的关键活动）在同一条链上的后续关键活动集。

以上数学模型的目标函数（式 6.1）表示最小化正在进行活动及其后续活动的总赶工成本。式 6.2 显示了活动赶工对项目预定完工期限 δ 的影响关系，即采取某个赶工组合以减少活动工期并满足按时完工要求（式中参数含义见 1.2.3 节图 1.11）；式 6.3 将完工情况设定为 0~1 变量，如果相对于预定完工期限出现正向偏差则说明项目未能按时完工（$U_q = 1$），否则有 $U_q = 0$；式 6.4 设定了管理者所能接受的按时完工率水平下限；式 6.5 限定了每个活动的最大可赶工时间。

6.2　基于模拟的启发式方法

在每个监控点，给定管理者所能承受的完工风险水平（即按时完工率的下限 α），则可以通过求解上述模型（式 6.1~式 6.5）得到当前及后续活动所需的赶工时间，以最小化总赶工成本。但是，项目的未来执行环境仍然是不确定的、动态的，在上一个监控点求解出来的最优赶工计划可能只能执行一小部分，然后又要针对新的执行情况建模重新求解；活动的开始时间和结束时间存在波动，进而也会影响到缓冲消耗水平及相应的行动策略。另外，由于项目活动之间复杂的网络关系以及资源冲突，接驳缓冲可能并不能很好地保护关键链的执行。这一系列不确定因素的存在使得模型优化方法的优势难以体现，因此，本节基于 Monte Carlo 模拟提出一种能够体现上述优化模型本质的新的动态缓冲控制方法，以确定具体活动的赶工时间。

首先，定义一个衡量活动赶工有效性的指标（expediting efficiency index，EEI），该指标综合考虑了项目按时完工率的改进与活动所需的赶工成本，计算公式为：

$$EEI_j = \frac{TPCP_j^{yes} - TPCP^{no}}{\overline{TEC_j}}, \quad j = 1, 2, \cdots, N \quad (6.6)$$

其中，$TPCP^{no}$ 是按照 CC/BM 基础调度计划，对项目进行多次模拟执行而不采取任何控制行动得到的项目按时完工率；$TPCP_j^{yes}$ 是通过将活动 j 第 q 次模拟时的工期在上一轮模拟的基础上减少某一比例（用 $Ratio_q$ 表示），其他活动的模拟工期保持不变，得到针对活动 j 赶工的项目按时完工率，这里是用活动模拟工期的减少来类比赶工行动。在这个过程中，活动 j 的赶工时间可以表示为 $et_{jq} = d_{jq}^R \times (1 - Ratio_q)$，$q = 1, 2, \cdots, m$。

$\overline{TEC_j}$ 表示活动 j 模拟 m 次的平均赶工成本，其计算公式为 $\overline{TEC_j} = \sum_{q=1}^{m} c(et_{jq}) / m$，其中 $C(et_{jq})$ 代表相对于赶工时间

的赶工成本函数（连续或离散）。本章采用线性成本–工期函数，因此$\overline{TEC_j}$可以通过下式计算得到：

$$\overline{TEC_j} = ec_j \times \overline{et_j} = ec_j \times \left(\sum_{q=1}^{m} et_{jq}/m \right) \qquad (6.7)$$

式6.6的意义可以描述为：以单位时间赶工成本对活动赶工一定程度而得到的项目按时完工率的改进，注意，式6.6的值可以为负数，因为项目网络是一个存在各种工艺约束以及资源约束的复杂网络，某一活动的工期减少并不总会导致项目总工期的减少。EEI在确定活动的赶工有效性时考虑了成本因素，如果某活动的EEI值比较大，那么可以认为对该活动进行赶工能够以更低的成本更有效地提高项目按时完工率。鉴于此，本章提出这样的缓冲监控思路：在项目执行过程中的每个监控点，当检查到缓冲消耗量超出计划阈值（绿黄触发线）时，管理者应当针对赶工高有效性的活动制订行动计划，同时实际采取的赶工行动只对下一时刻即将开始的活动有效；后续活动的完成时间既依赖于计划，又要根据下一个监控点的缓冲实时消耗情况而定。

具体的项目执行与缓冲监控步骤描述如下。

步骤0：采用1.2.1节所述方法识别关键链与非关键链，采用根方差法计算项目缓冲和接驳缓冲大小，建立CC/BM基准调度计划。

步骤1：$t=0$时项目开始执行，总体采用并行调度方式。本章模拟实验假设在每个活动完成时对项目执行一次监控，并检查缓冲消耗情况。

步骤2：通过Monte Carlo模拟方法计算未完成活动的EEI

值（式 6.6），并按照 EEI 由大到小排序。

步骤 3：在每个监控点（时刻 t），如果检查到缓冲消耗超出计划阈值，则按照以下步骤制订行动计划及采取实际行动。

步骤 3.1：计算缓冲超出量 $Exceed_j = BC_j - (a_1 \times PCC + b_1) \times B$，其中 B 表示缓冲的尺寸（见 1.2.3 节）。

步骤 3.2：定义赶工备选活动集 $\{S_j^h\}$，表示与活动 j 在同一条链上的后续活动集合。定义另一活动集 $A = \varnothing$。选择满足以下两个条件的活动 k：$k \in \{S_j^h\}$，且 $EEI_k = \max (EEI_l)$，$\forall i \in \{S_j^h \setminus A\}$（即在下一次循环时选择活动 j 后续活动中 EEI 次大的活动），定义活动 k 的预赶工时间 $\widetilde{et}_k = \min (v_k, Exceed)$，然后更新缓冲超出量 $Exceed_j = Exceed_j - \widetilde{et}_k$，并将活动 k 加入集合 A 中。

①如果活动 k 是时刻 $(t+1)$ 正要开始执行的活动，则其实际赶工时间为 $et_k = \widetilde{et}_k$，从而活动 k 的实际执行时间为 $d_k - et_k$；

②否则，令 $et_k = 0$。

步骤 3.3：如果 $Exceed_j \neq 0$，重复步骤 3.2；否则，转到步骤 4。

步骤 4：$t = t+1$，重复步骤 3，直至项目完成。

上述流程可以用图 6.1 进一步描述。一方面，所提方法运用随机活动工期分布及赶工成本信息，以期生成最优的赶工候选活动集合；另一方面，将项目当前缓冲消耗情况与期望的概率性赶工效益结合起来，以提前制订好赶工计划，而不是一直等到实际后果严重后才采取行动。因此，这种基于模拟的、考虑活动赶工成本的缓冲监控策略与企业实际的项目进度–成本控制决策具有一致性，在实践中也比较容易操作和实施。

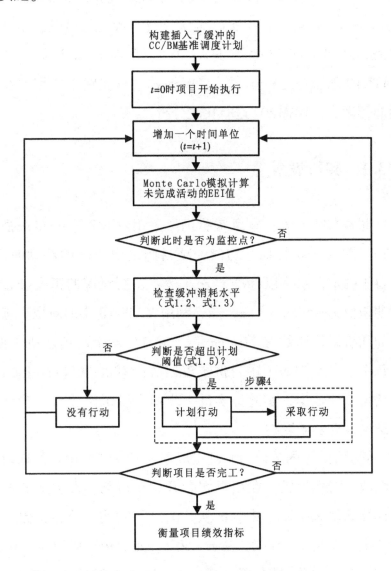

图 6.1　考虑赶工成本的缓冲监控步骤

6.3 模拟实验

为了验证本章所提方法（buffer management approach with cost considerations，C–BMA）生成赶工策略的有效性，本节选取 PSBLIB_J30 问题库[82] 进行了大规模仿真实验，采用 MATLAB 编写和运行程序，将所提方法与实践中常用的相对缓冲管理法（RBMA）进行比较分析。

6.3.1 实验设置

同本书第 5 章，本章实验仍然采用对数正态分布来描述活动工期的分布特征，均值为项目网络中给出的活动时间，项目不确定性水平以标准差 σ 来表示，所对应的正态分布时间期望值为 $\mu = Ln(d_i) - \sigma^2/2$，利用 MATLAB 中的对数正态分布的随机矩阵函数 $X = logrnd$（μ，σ^2），产生活动随机工期。在每个 σ 值下对每个项目例子模拟执行 1000 次（$m = 1000$），以获得统计数据，实验证实进一步增大模拟次数对实验结果及结论没有实质影响。

假设活动 j 的单位时间赶工成本 ec_j 从 [1，10] 的均匀分布函数上随机生成。在项目实际开始执行前，根据式 6.6 模拟计算活动 EEI 值，其中 σ 从 [0，1] 的均匀分布函数上随机产生，设定 $m = 1000$，$Dper = 50\%$，则 $Ratio_q$ 可以从 [0.5，1] 的均匀分布函数上随机产生。实验也测试过其他参数值，在结论上并没有明显变化。此外，基于实践中常用的相对缓冲管理法（RBMA），取 $a_1 = a_2 = 0.6$，$b_1 = 0.15$，$b_2 = 0.30$（见 1.2.3 节）。在 RBMA 中，当缓冲消耗侵入红区（式 1.6）时需要立即采取赶工行动，由于前人研究中并没有给出明确的计划与行动策略，本章假设 RBMA 中活动 i 的模拟赶工时间服从 $[0, v_i]$ 区间上的均匀分布。

为了能够充分评价不同监控方法的进度有效性与成本有效性，本章在第 5 章定义的 4 种绩效指标：总赶工活动数（EA）、总赶工时间（ET）、项目按时完工率（TPCP）、项目平均完工期（PCT）基础上，另外设定了总赶工成本（total expediting costs，EC）这一衡量指标，定义为：

$$EC = \sum_{q=1}^{m} \left(\sum_{j=1}^{n} ec_j \times et_{jq} \right) / m$$

6.3.2　实验结果及分析

首先进行单项目测试，所选取的是 PSPLIB_J30 问题库中的第一个项目例子，项目网络如图 6.2 所示，它包含 30 个实际活动，用到 4 种可更新资源，每种资源的可用量分别为 12，13，4，12 个单位。实验结果见表 6.2。然后，针对 J30 问题库的 480 个项目例子进行大规模模拟实验，所得统计结果见表 6.3。其中，对数正态分布标准差取为 $\sigma \in \{0.3, 0.5, 0.8\}$ 三种水平，分别代表不确定性水平低（low，L）、中（medium，M）、高（high，H）三个级别。

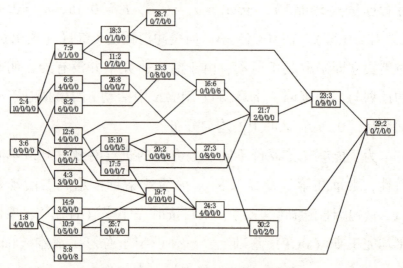

图 6.2　PSPLIB J301_1 项目网络图

表 6.2　针对单项目例子 PSPLIB J301_1 的绩效对比结果

绩效指标	L ($\sigma=0.3$)			M ($\sigma=0.5$)			H ($\sigma=0.8$)		
	C-BMA	RBMA	无行动	C-BMA	RBMA	无行动	C-BMA	RBMA	无行动
EA	1.21	1.62		1.27	1.61		1.36	1.60	
ET	1.82	3.39		2.28	3.86		2.95	5.13	
EC	6.94	18.56		8.27	20.08		10.36	24.68	
TPCP	1	1	0.986	0.993	0.991	0.962	0.880	0.892	0.828
PCT	60.91	60.53	62.35	61.48	61.24	63.46	66.34	66.01	69.08

表 6.3　针对 PSPLIB_J30 问题库 480 个项目

例子的平均绩效对比结果

绩效指标	L ($\sigma=0.3$)			M ($\sigma=0.5$)			H ($\sigma=0.8$)		
	C-BMA	RBMA	无行动	C-BMA	RBMA	无行动	C-BMA	RBMA	无行动
EA	0.47	0.52		0.72	0.86		0.98	1.13	
ET	0.74	1.13		1.19	1.96		2.06	3.40	
EC	3.55	6.12		5.79	11.34		10.26	23.34	
TPCP	1	1	0.997	0.996	0.995	0.951	0.944	0.941	0.886
PCT	62.00	61.99	62.76	63.52	63.48	65.02	67.78	67.77	71.36

从表 6.2、表 6.3 可以看出，单项目例子和多项目集测试结果几乎是一致的，以下进行具体分析。首先，随着不确定性的增加，两种方法的项目完工期（PCT）、总赶工时间（ET）以及总赶工成本（EC）都增加，而项目按时完工率（TPCP）降低。在单项目例子中，赶工活动数（EA）几乎不随不确定性水平变化，而针对多项目集测试，EA 随着 σ 的增加呈现递增趋势。显然，不确定性水平越高，项目面临的风险越大，更容易偏离初始调度计划，从而需要的控制程度（赶工时间以及赶工成本）也就越高。

相对于不采取任何控制行动，基于缓冲监控的赶工策略可以获得更高的按时完工率以及更短的项目完工期；另外，尤其是当不确定性较低时，即使不采取任何行动执行项目也能够获得足够高水平的按期完工率，这验证了 CC/BM 调度方法在保护项目完工绩效方面的有效性。

上述结果还显示，两种缓冲监控方法可以生成几乎相等的按时完工率，项目模拟完工期之间的差别也微乎其微。但是，本章所提 C-BMA 的赶工时间和赶工成本都远远低于相对缓冲监控法（RBMA），并且随着不确定性程度的增大，这种优势更加明显；C-BMA 得到的总赶工活动数量也要低于 RBMA。至此，可以得出结论，由于 EEI 的合理建立，所提方法在很大程度上降低了管理者所需的监控负荷和控制程度，因为 EEI 充分考虑了活动赶工时的成本有效性，当项目整体进度失控时能够突出监管重心，力求达到"四两拨千金"的成本优势。总体而言，C-BMA 相对于 RBMA 节省了一半以上的赶工成本。

第7章　考虑紧急资源分配的
进度-成本控制方法

在生产、制造及建筑工程项目实务中，为了加快项目进度，常常需要临时增加资源，比如招聘新人员、追加原材料采购、外包项目任务以及租赁设备等。第6章介绍了如何在缓冲监控过程中通过赶工来缩短活动工期的进度控制方法，而在项目管理实践中，还可以通过紧急增加资源可用量使活动尽早开始的方法对受到干扰的关键链计划进行修复和控制。

一方面，CC/BM 本质上处理的是具有不确定性的资源受限项目调度问题（这里只考虑可更新资源），但是它通常只关注项目的时间绩效，比如项目完工期以及按时完工率，而很少考虑到与 RCPSP 实际相关的成本目标，比如最小化资源可用量成本（resource availability cost）。以现实生活中的建筑项目为例，资源成本有时可以占到项目总成本的 60%以上[97]，由于各种资源（包括人工、机器设备、物料等）可用量限制形成的约束，极大地影响了工程项目活动的开始时间和完工时间，对工程进度管理提出了严峻挑战[23]。另一方面，尽管CC/BM 通过插入时间缓冲对调度计划进行了充分保护，但绝对存在的不确定性仍然会使进度计划面临的干扰不能被接驳缓冲完全"吸收"或者超出项目缓冲的监控水平，这就需要采取响应策略对原计划进行修补或者重新制订调度计划，以最小的偏离代价使得项目进度尽快恢复到正常轨道。目前在 CC/BM 领域学者们对这个问题还未开展深入研究。

因此，本章考虑资源可用量和进度稳定性，提出基于缓冲监控的两阶段项目进度–成本控制方法：在计划阶段，采用模拟优化方法设置一个常规资源分配截止时点；在执行阶段，基于一种改进的已调度顺序列表重排策略，选取获利最大的活动对其增加紧急资源，从而设计了两种基于缓冲监控过程的资源再分配启发式方法，以期进一步提高 CC/BM 技术对于项目时间、成本及资源 3 个方面的综合控制能力与应用范围。

7.1　两类成本目标

本章在 CC/BM 框架下考虑了两类成本控制目标，其一是资源可用量成本（以下简称"资源成本"），其二是进度不稳定性惩罚成本（以下简称"惩罚成本"）。相对于以往有关 CC/BM 的研究只关注时间绩效方面，可以说是一种创新型初步探索。

7.1.1 资源可用量成本

CC/BM 区别于传统 CPM/PERT 的最明显特征之一就是其对资源约束的考虑，项目的执行需要资源保障，而保持资源可用是需要成本的。资源可用量成本是指为项目活动的执行分配特定资源而产生的直接成本，比如工程管理团队需要提前与工人签订劳动合同、购置或者租赁相关机器设备及采购原材料等。在制订项目资源分配计划时，通常要考虑两个参数，即资源投入的数量和资源投入的时间。本章假定能够持续分配给一个项目的资源总量由项目经理提前确定，这类资源称之为常规资源（regular resource），常规资源 k 的可用量记为 a_k，单位价格是 c_k^{reg}。

实际项目执行过程中总是存在着大量不确定性，比如活动时间估计的不准确、资源中断、设计变更、员工缺勤以及气候变化等情况，项目实际完成时间由此可能低于、等于或者高于计划完工期。在这种高不确定性环境下，为了降低资源成本，管理者大可不必在项目计划完工期内一直保持资源定额可用，而可以将资源投入项目的时间视为一个决策变量，记为"常规资源分配截止时点"（resource cut-off date，rcd），在该截止时点之前（而不是计划完工期以内）常规资源保持持续供应。当项目执行时间超出 rcd 时，管理者将不得不临时调用额外的非常规资源（或称紧急资源，irregular/emergency resource），以按时段满足项目剩余活动的资源需求。非常规资源可以是企业内部的闲置资源，也可以即时从外部供应商处重新获取，其单位价格（记为 c_k^{irreg}）通常要高于同类常规资源的单价。这一点很好理解：一方面，资源的重新调配通常都会产生一定的额外费用，比如车间机器在不同工序之间的切换会产生一定的费用，大型设备的转厂会耗费大量的资源；另一方面，如果两类资源的成本相同，那么项目团队将只会按需调用非常规资源而不会提前分配定额的常规资源，因为前者有着更大的灵活性，可以避免资源剩余进而节省资源成本。紧急资源的最大可调配量记为 a_{kt}^{irreg}，本章采用常规资源可用量 a_k 的某一倍率来表示，即 $a_{kt}^{irreg} = IRAVL \times a_k$。

至于实践中怎样确定 rcd 值，企业可以预先进行风险分析，将风险结果融入管理决策以实施资源计划。考虑到项目中资源约束、活动优先关系以及各种调度决策之间的复杂相互作用，本章选择通过模拟优化方法来确定常规资源常量的分配时段，即针对某一个 rcd 值，通过大量模拟执行同一 CC/BM 计划，计算总资源成本（resource cost，RC），取最小资源成本所对应的值作为常规资源分配的截止时点。另外，rcd 值可能存在上限/下限约束，取决于实践中特定项目的实际情况。

总资源成本定义为常规资源分配成本与非常规资源的期望成本之和，用下式表示：

$$RC = RC^{reg} + RC^{irreg} = rcd \cdot \sum_{k=1}^{K} a_k c_k^{reg} + E\left(\sum_{k=1}^{K} \sum_{t=rcd+1}^{\infty} U_{kt}^{irreg} c_k^{irreg} \right)$$

$$(7.1)$$

其中 U_{kt}^{irreg} 表示在 t 时期非常规资源 k 的总需求数量，$U_{kt}^{irreg} = \sum_{j \in A_t} r_{jk}$。集合 A_t 表示时刻 t 正在进行的活动集合，

$A_t = \{i \in N: S_i^R \leqslant t < s_i^R + d_{iq}^R\}$。

此外，定义以下活动集合。

C_t：时刻 t 已经完成的活动集合，$C_t = \{i \in N: s_i^R + d_{iq}^R \leqslant t\}$

NS_t：时刻 t 还未开始执行的活动集合，$NS_t = N \setminus (C_t \cup A_t)$

7.1.2 进度不稳定性惩罚成本

在鲁棒项目调度领域，已有研究提出了两种鲁棒性评价指标[14]："质"的鲁棒性（quality robustness）和"解"的鲁棒性（solution robustness）。前者反映了项目完工日期的稳定性，通常采用项目平均完工期或者按时完工率来度量。后者衡量的是项目实际执行时的进度计划与基础调度计划之间的偏离程度，常用进度不稳定性成本/惩罚成本（stability cost, SC）来度量[13]，定义为：

$$SC = \sum_{i \in N} w_i E \left| s_i^R - s_i^B \right| \tag{7.2}$$

其中 E 表示期望，权重 w_i 表示不稳定性因子，是指活动实际开始时刻偏离计划开始时刻每单位时间所引起的成本，比如工人提前开工导致的额外组织成本、让分包商比预定计划推迟开始的费用、因计划变动造成的项目各关系方之间的协调成本以及紧急调度成本、原材料提前到达产生的仓储成本等。

研究表明，CC/BM 方法多用于解决完工鲁棒性问题，而其解鲁棒性较差[25,26]。以往文献很少注重 CC/BM 的解鲁棒性优化，本章在制订紧急资源分配策略时，将进度计划解的鲁棒性纳入决策范围，将关键链项目计划与鲁棒项目调度方法相结合，这样可以在一定程度上减少项目重计划、重调度的频率及其产生的成本；同时，一个稳定的进度计划可以令项目经理能够从容、准确地与客户、承包商进行沟通与协调，从而更好地保证项目及时交付。

7.2　考虑紧急资源分配的控制策略

从实践的角度来看，项目具有较强的一次性特征，在计划阶段所选择的基准方案无论多么鲁棒，都不可能完全吸收和处理执行过程中的不确定因素，因此，制订相应的响应措施进行修补或重新调度是同样重要的。本节首先对鲁棒项目调度中的反应式调度（reactive scheduling）策略相关研究进行了综述，其次在 CC/BM 框架中引入反应式重排方法以优化进度偏离成本，最后提出两种反应式紧急资源分配策略，通过有选择性地对少数关键活动增加紧急资源使其能够提前开始，在不增加总成本的前提下进一步改善项目的进度绩效。

7.2.1　反应式项目调度研究概述

由于各种不确定性和风险因素的客观存在，项目执行过程中很可能受到干扰导致基准调度计划发生偏离甚至变得不可行，这时反应式调度成为管理者能够采取的有效措施之一，它要求以最小的调度代价对进度计划进行修复使之尽快回到预定轨道[98]。按照不确定性来源分类，这方面研究可以大致分为基于工期不确定性和基于资源不确定性两类。

在时间不确定条件下，以最小化实际进度与基准计划的偏差为目标，Vonder 等[99]介绍了反应式调度的几种优先级规则（priority rule），提出了基于优先规则的鲁棒并行和鲁棒串行调度生成机制，进而提出抽样法和时间窗抽样法两种反应式抽样法。Vonder 等[100]进一步以进度稳定性（"解"的鲁棒性）与项目按时完工率（"质"的鲁棒性）的复合函数作为目标函数，通过模拟实验评价了 4 种反应式资源受限项目调度方法的有效性，4 种方法分别是完全重调度方法、固定资源流的最早开始时间策略、基于活动的优先规则以及最小化提前拖期成本的启发式算法。Deblaere 等[101]以最小化进度偏离成本为目标，提出了 4 种资源流网络算法以指导工期不确定情况下的反应式调度决策。

针对资源不确定性，Lambrechts 等[102,103]在可以获知不确定资源的分布信息（平均故障间隔、平均修复时间）的情况下，基于概率论解析式分析了资源故障对活动工期的影响，将资源不确定性转化为时间不确定性，据此提出了多种主动式与反应式项目调度方法。其中，反应调度策略包括随机活动列表策略、基于已调度顺序列表的启发式算法和禁忌搜索算法，以期在可更新资源能力不足的情况下，对受到干扰的进度计划及时做出反应使之恢复可行，同时最小化进度偏离成本。

此外，Artigues 等[104]在规定了任务交付时间的多模式多项目环境中，研究在给定的基准调度方案中临时插入新任务

后，如何保证多项目最大拖期最小化。Yang 和 Geunes[105] 针
对任务取消和任务添加两种情况，分别设计了多种反应策略。
Deblaere 等[106] 研究了多模式情况下的反应式鲁棒调度问题，
以最小化进度偏离成本与模式转换成本之和为优化目标，分
别针对项目执行过程中可能出现的活动持续时间延迟、可更
新及不可更新资源量扰动，设计了改进的分支定界精确算法
和禁忌搜索启发式算法。Yu 和 Qi[107] 也针对项目执行过程中
资源可用量下降这一干扰情形，建立整数线性规划模型并采
用混合整数规划/约束传播方法，以求解多模式情况下的鲁棒
反应调度问题。Wang[108] 将项目调度建模为一个动态约束满
足问题，将执行阶段的多种干扰事件归结为约束的增删，以
最小化资源冲突成本为目标提出了基于模拟退火和遗传算法
的反应式调度方法。Zhu 等[109,110] 从干扰管理的角度研究
RCPSP 进度计划的鲁棒修复问题，针对活动网络结构、时间、
资源等多种干扰情形建模。其中，Zhu 等[109] 研究了如何以最
小的惩罚成本（定义为更新计划与 BS 偏离程度的函数）使受
到干扰的进度计划尽快回到既定轨道的问题，采用混合整数
规划和约束规划相结合的方法求解。Zhu 等[110] 综合考虑进度
偏离成本与活动赶工成本，建立了一个两阶段随机整数规划
模型，第一阶段确定不易受到干扰的项目交货期，第二阶段
进行反应式鲁棒调度。

7.2.2　已调度顺序列表重排策略

Lambrechts 等[102,103]，按照基准调度计划中活动开始时间

确定的调度顺序列表 L_{EBST} （earliest baseline starting time） 对项目计划进行重排时，能够得到最优的解鲁棒性（即进度不稳定性惩罚成本）。为了与 Lambrechts 等[102,103] 的研究保持一致，本书将根据活动列表 L_{EBST} 重排的方法称为已调度顺序列表策略（scheduled order repair, SOR）。同时，考虑 CC/BM 计划的特性，定义以下两条打破平局规则 （tie-breaker rule）：①如果有两个及以上活动的计划开始时间相同时，关键链活动优于非关键链活动开始；②位于接驳缓冲消耗比例更大的非关键链上的活动优先另一非关键链活动开始。这种做法依据 TOC 原理关注于解决系统瓶颈，可以在一定程度上减轻项目进度的延迟情况。

然后，采用 Vonder 等[99]提出的鲁棒并行调度机制，将活动列表解码为可行的修复计划 RS^{SOR}，新的活动开始时间记为 s_i^{SOR}。鲁棒并行调度机制旨在最小化活动实际开始时间与计划开始时间之间的进度偏差，即，在当前决策时点 t 活动 i 需满足下面四个条件才能调度执行。

条件1：$i \in NS_t$。

条件2：$\forall j \in Pred_i$：$s_j + d_j \leq t$，$Pred_i$ 表示活动 i 的紧前活动集合。

条件3：$t \geq s_i^B$ 这一约束条件规定活动 i 不得早于其计划开始时间开始，意在保留进度计划中还未消耗完的接驳缓冲（安全时间）。

条件4：$r_{ik} \leq (a_{kt}^{obs} - \sum_{j \in A_t} r_{jk})$ 即活动 i 所需资源量不超过当前时刻 t 剩余资源数量。

根据 7.2.1 节，资源可用量参数的初始状态与 rcd 值有关，即时段 t 的实际资源能力 a_{kt}^{obs} 表示为一个分段函数：

$$a_{kt}^{obs} = \begin{cases} a_k(t = 1, \cdots, rcd) \\ a_{kt}^{irreg}(t = rcd + 1, \cdots, \infty) \end{cases} \qquad (7.3)$$

采用 SOR 方法对受到干扰的 CC/BM 计划进行重排可以减小项目的不稳定性惩罚成本，然而如果不采取其他实质性的修复行动，项目的时间绩效仍将会受到不良影响，这一点在本章模拟实验部分会探讨到。因此，进一步考虑在缓冲消耗超出阈值时，通过增加紧急资源的方式对项目进度进行修补，但不是从活动赶工的角度出发，即额外增加资源并不是用来减少某活动的工期，而是使其能够不受限于条件 4 中的资源约束而提前开始调度执行。

需要指出的是，增加资源通常可以加速项目的执行，但是如何从进度角度确定什么时候增加多少非常规资源、如何从成本角度确定增加的紧急资源应该分配至哪些活动，能够达到项目时间-成本的有效平衡，仍没有一个统一的标准。为了解决这一问题，下文提出两种简单直观的启发式方法，基于 SOR 重排过程，将非常规资源动态分配至项目进行中最需要、最具价值的地方。为了不至于太大地增加管理复杂性，在每个决策点只考虑针对一个活动增加资源，否则项目经理将很有可能疲于调度各种紧急资源，这在实际项目中显然也是不现实的。

7.2.3　基于时间窗的紧急资源分配策略

该方法首先定义一个长度合理的修复时间窗（time

window，TW），在项目整体进度失控即缓冲消耗超出监控阈值时，有选择性地对时间窗内开始时间受限于资源约束的活动 p 增加紧急资源，使其能够提前开始，并且所选择的活动 p 具有最大的成本节约潜力。之所以将控制行动限制在未来一个时间窗以内，是因为离当前时间点越远则剩余活动开始时间面临的不确定性越高，对当前决策点所能提供的参考意义也越小，因此不必太多关注计划开始时间距离当前时间点较远的那些活动[99]。

为了提高紧急资源分配的效用，为活动 i 定义一种潜在成本节约（potential cost savings，PCS）指标如下式：

$$PCS_i = \Delta SC + \Delta RC^{irreg}$$

$$= CIW_i \cdot (s_i^{SOR} - s_i) + \Delta(\sum_{k=1}^{K} \sum_{t=rcd+1}^{\infty} U_{kt}^{irreg} c_k^{irreg}) - \sum_{k=1}^{K} RC_I^{irreg}$$

$$(7.4)$$

式 7.4 的左半部分衡量的是由于对活动 i 分配紧急资源而减少的项目不稳定性成本，其中活动新的开始时间记作 s_i，由此得到增加紧急资源后的修复计划 RS_i。其中，CIW_i 为活动 i 的累积不稳定权重，定义为 $CIW_i = w_i + \sum_{j \in Succ_i} w_j$，$Succ_i$ 表示活动 i 的直接与间接后续活动集合。本章采用 CIW_i 的理由是：相对于单纯重排计划 RS^{SOR}，活动 i 每提前一个时间单位开始，必然能够节省一个惩罚成本 w_i；这一提前效应对于进度计划其余活动的最终影响虽然难以直接预测，但可以近似认为活动 i 的后续活动开始时间也均能提前一个时间单位，于是对能够节约下来的不稳定成本进行大体累加。

110

式 7.4 的右半部分表示以资源分配成本 $\sum_{k=1}^{K} RC_i^{irreg}$ 对活动 i 增加紧急资源并生成新计划 RS_i' 之后，相对于不增加紧急资源的调度计划 RS^{SOR} 所带来的整体成本节约。可以看出，式 7.4 旨在衡量对活动 i 增加非常规资源所产生的综合调度价值，以期尽可能最优地保护对项目进度和成本目标贡献最大的活动。

上述方法称为基于时间窗的进度修复策略（time window based schedule repair，TSR），算法具体步骤描述如下。

步骤 0：采用 1.2.1 节所述方法识别关键链与非关键链，采用根方差法计算项目缓冲和接驳缓冲大小，建立 CC/BM 基准调度计划。

步骤 1：$t=0$ 时项目开始执行。

步骤 2：对于资源分配截止时点 rcd 之前的时段（$t \leqslant rcd$），如果在某个监控点 $t=t^*$ 检查到缓冲消耗超出行动阈值，则按照以下步骤制订紧急资源分配计划并采取实际行动：

步骤 2.1：按照计划开始时间构造活动列表 L_{EBST}，运用 SOR 方法得到活动 i（$i \in NS_{t^*}$）在原资源约束（式 7.3）条件下重排后的开始时间 S_i^{SOR}。

步骤 2.2：确定一个活动集合 $S_{t^*}^{NEXT} \subseteq NS_{t^*}$，包含计划开始时间在当前时间点之后一个时间窗之内的所有活动，即 $S_i^B \leqslant t^*+TW$。针对该集合中的每个活动 i，检查其是否能够不考虑常规资源约束即条件 4 而向左移动（提前调度），同时需要满足 7.2.2 节中的条件 1~3。如果是，则只对活动 i 放松资源约

111

束，即以成本 $\sum_{k=1}^{K} RC_i^{irreg}$ 对活动 i 增加紧急资源使其能够在时刻 S_i' 提前开始。然后，运用 SOR 方法得到项目其余未执行活动 j ($j \in NS_{t.} \setminus \{i\}$) 的开始时间 S_{ij}'，由此生成对活动 i 增加紧急资源后的修复计划 RS_i'。

步骤 2.3：计算集合 $S_{t.}^{NEXT}$ 中每个活动 i 的潜在成本节约指标 PCS_i，从中选择具有最大成本节约值的活动，记为 p。注意，如果具有最大成本节约的活动其 PCS_p 值为负，说明对该活动分配额外资源是得不偿失的，则不需要将该活动记录下来。

步骤 3：项目继续按并行调度方式执行，$t = t + 1$。当步骤 2.3 记录下来的活动 p 在时刻 t 满足上述条件 1～3 而受限于条件 4 时，则对活动 p 增加紧急资源使其能够提前开始，实际增加的资源量 U_{kt}^{req} 等于活动 p 当前缺少的资源量：$U_{kt}^{req} = r_{pk} + \sum_{j \in A_t} r_{jk} - a_k$，$a_{kt}^{obs} = a_{kt}^{obs} + U_{kt}^{req}$。紧急资源的供应时段以保证活动 p 完成为止，如果期间有其他活动完成并释放了同种资源，则不再需要调用额外资源。

步骤 4：当项目执行时间超出 rcd 时（$t > rcd$），不用判断是否需要对某个单独活动增加紧急资源（即不执行步骤 2），只需采用 SOR 重排方法调度执行项目剩余活动，按照式 7.3 定义的非常规资源约束，按时段按需调用非常规资源。

步骤 5：重复上述步骤，直到项目执行结束。

7.2.4 基于活动的紧急资源分配策略

本节提出一种与关键链缓冲管理思想更为相关的紧急资

源分配方法，称为基于活动的进度修复策略（activity based schedule repair，ASR），该方法在项目缓冲与接驳缓冲的消耗之间做出区分。不同于 TSR 方法考虑未来一个时间窗内的活动这一做法，ASR 方法更关注于影响项目进度绩效的少数关键活动。

　　CC/BM 认为，关键链是整个系统的瓶颈约束，管理者应当重点关注并挖掘瓶颈因素的潜能。于是，ASR 方法分配紧急资源的思路就是：如果检查到项目缓冲的消耗水平超出行动阈值，只用考虑后续关键链上活动是否可以在重排计划 RS^{SOR} 的基础上，不考虑常规资源约束而左移；如果是某个接驳缓冲的消耗水平超出行动阈值，那么只考虑针对两类活动分配紧急资源，一是位于该接驳缓冲所在非关键链上的后续非关键活动，二是该接驳缓冲汇入关键链位置之后的关键链活动。然后，针对满足上述条件的项目活动，仍然采用上一节提出的 PCS 指标记录下成本节约最大的活动 p，项目后续执行及实际的非常规资源再分配过程与 TSR 方法相同。ASR 方法认为，由于相应接驳缓冲的存在，没有必要对其他链路上的非关键链活动增加紧急资源，这一控制逻辑与 TOC 理论相吻合。7.3 节模拟实验部分将会对 TSR 和 ASR 方法在不同参数设置下各自的优缺点做进一步分析。图 7.1 对本章构建的资源计划、缓冲监控、进度计划重排以及紧急资源分配的整个流程进行了直观描述。

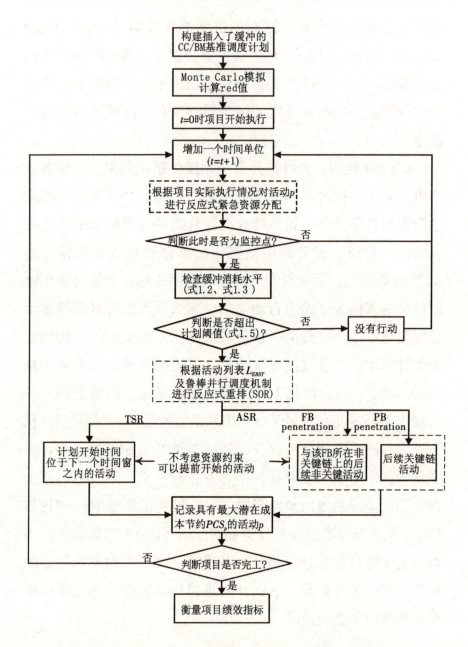

图 7.1　基于 CC/BM 的反应式重排及资源再分配模型

7.2.5　算例说明

　　本节通过一个简单的例子对以上 3 种进度修复策略的应用过程进行说明。项目网络图见图 7.2，图中节点表示项目活动，节点上方数字表示活动的平均工期（单位：周），节点下方数字表示活动对五种可更新资源的需求量。资源 ABCD 的单位时间可用量为一个单位，资源 E 的单位时间可用量有两个单位，表 7.1 列出了资源 k 作为非常规资源时的单位成本。使用 1.2.1 节所述方法确定关键链，采用剪切法（50%法）计算接驳缓冲大小，以关键链长度的 30% 作为项目缓冲大小，图 7.3 给出了该项目插入各个缓冲之后的基准调度计划。在项目正式开始执行前，对基准调度计划模拟 1000 次得到使得总资源成本最小的常规资源分配截止时点 rcd 值为 12。假设此例中紧急资源 k 的最大可调配量 $a_{kt}^{irreg}=a_k$。

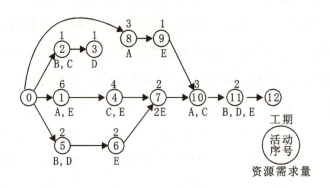

图 7.2　项目网络图

115

表 7.1 五种资源作为非常规资源时的单位成本

资源类型 k	A	B	C	D	E
单位成本 c_k^{irreg}	5	8	10	9	12

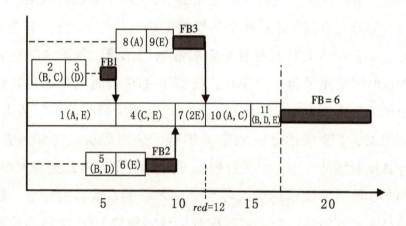

图 7.3 CC/BM 基准调度计划

假设项目经理定期检查项目进展及缓冲消耗情况,检查周期 (review period) $RP=5$,修复时间窗长度取为 $TW=4$。在第一个监控时点 $t^*=5$ 时,活动 2 比计划工期晚一周完成,活动 3 正在进行并且预计要比计划时间延迟两周完成。这种情况下,接驳缓冲 FB1 将被消耗殆尽,从而影响到关键链活动 4 使其不能按计划开始;活动 3 的延迟同时造成活动 5 与其发生资源冲突而不得不推迟开始。显然,原来的基准调度计划失去了参照价值,有必要对其进行修复使之恢复可行。首先,采用 SOR 方法对受到干扰的进度计划进行重排,得到新的调度计划 RS^{SOR},如图 7.4 所示,其中按照 7.2.2 节定义的优先规则得到活动列表 $L_{EBST}=(5,4,6,8,9,7,10,11,12)$。

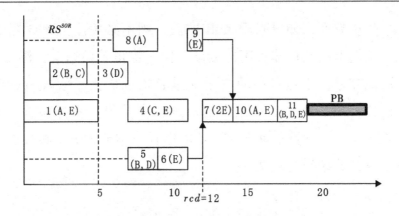

图 7.4　采用 SOR 方法生成的重排计划

为避免项目进度继续延误，项目经理考虑通过调度紧急资源的方式，使得某些活动能够突破常规资源约束而提前开始。对于设置时间窗的 TSR 方法，可以得到 $S_5^{NEXT}=(5,4,6,8,9)$，因为这 5 个活动的计划开始时间在恢复时间窗以内，即 $S_i^B \leqslant 5+4=9$。接着，需要确定那些不考虑常规资源约束而能够提前开始的活动，分析发现活动 5 和活动 9 满足这一要求。若分别对这两个活动按需增加紧急资源，并运用 SOR 方法对其余活动进行重排，可以得到新的调度计划 RS_5' 和 RS_9'，如图 7.5 所示。

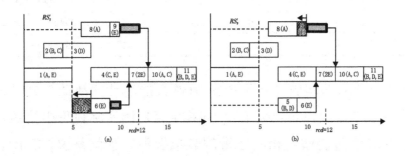

图 7.5　采用 TSR 方法得到的修复计划 RS_5' 和 RS_9'

　　另一方面，如果采用 ASR 方法，则不必关注与 FB1 不在同一条链上的其他非关键链活动。由于逻辑关系约束，活动 4 不可能左移，于是对活动 7 增加紧急资源成为了管理者的唯一选择，图 7.6 显示了相应的修复调度结果。综合起来，根据式 7.4 分别计算活动 5、7、9 的潜在成本节约值，相关成本参数及计算结果见表 7.2。

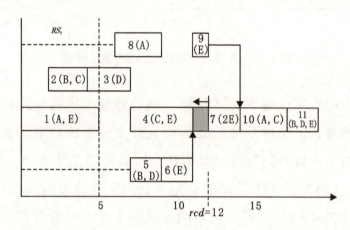

图 7.6　采用 ASR 方法得到的修复计划 RS'_7

表 7.2　活动 5、7、9 的潜在成本节约指标计算结果

	i	S_i^{SOR}	s_i	$s_i^{SOR}-S_i$	CIW_i	$\Delta(\sum\limits_{k=1}^{K}\sum\limits_{t=rcd+1}^{\infty}U_{kt}^{irreg}c_k^{irreg})$	$\sum\limits_{k=1}^{K}RC_i^{irreg}$	PCS_i(式 7.4)
TSR	5	7	5	2	26	$2c_E^{irreg}=24$	$2c_D^{irreg}=18$	$26\times2+24-18=58$
	9	11	9	2	20	$2c_E^{irreg}=24$	$c_E^{irreg}=12$	$20\times2+24-12=52$
ASR	7	12	11	1	20	$2c_E^{irreg}=24$	$c_E^{irreg}=12$	$20\times1+24-12=32$

　　根据算法步骤 2，将 PCS_i 值最大的活动 5 活动 7 记录下来（表 7.2 中以阴影标记），并在项目后续实际执行中按照步骤 3 对该活动增加相应数量的紧急资源。也就是说，TSR 和 ASR 这两种紧急资源分配方法，并不一定需要在监控时点 t^*

处立即采取实质行动，而是通过事先分析确定成本价值增量最大的活动 p，从而将计划决策融入后续评估时的实际执行状态，在高复杂性和高不确定性项目环境下，这是管理者所能采取的最优控制策略之一。

7.3　模拟实验

本节选取 PSBLIB_J30 问题库进行大规模仿真实验，以验证本章基于 CC/BM 框架的 3 种进度修复策略各自的有效性。因模拟时间限制，仅从 PSBLIB_J30 问题库中按照一定规则选取 48 个例子，该例库的 480 个项目例子每 10 个为一组，每组具有相同的网络参数和资源参数，所以本章选取每组中的第一个实例（J301_1，J302_1，…，J3048_1），采用 MATLAB 编写和运行程序。

7.3.1　实验设置

和前两章模拟实验部分一样，仍然采用对数正态分布来生成随机活动工期，均值为项目网络中给出的活动时间，项目不确定性水平以变异系数 cv 表示。采用根方差法计算接驳缓冲大小，项目缓冲的大小取为关键链长度的 30%。

模拟实验中，常规资源的单位成本从 [1，10] 的均匀分布函数上随机生成，非常规资源的分配成本通常要高于同类常规资源，将这个高出的比例记为 IRCOST。在默认情况下，活动不稳定性惩罚因子 w_i 从 [1, 10] 的均匀分布函数上随机生成；考虑到现实项目执行时由进度偏差造成的惩罚成本有可能高于甚至远远高于常规资源分配成本，实验另外设置了参数 INSTAB，来表示惩罚因子 w_i 高出默认情况的比例。表 7.3 对实验涉及的相关参数进行了总结，表 7.4 进一步给出了各对比方法的基本情况。

表 7.3　模拟实验参数设置

参　数	说　明	取　值
cv	项目不确定性水平	$cv \sim U\,(0.5,\,1)$
c_k^{reg}	常规资源 k 的单位成本	$c_k^{reg} \sim U\,(1,\,10)$
w_i	默认情况下活动 i 的不稳定性惩罚权重	$w_i \sim U\,(1,\,10)$
IRAVL	非常规资源可用量相对于常规资源可用量的比率	0.5 * , 1, 1.5
IRCOST	非常规资源单位成本相对于同类常规资源单位成本的比率	1.2, 1.5, 2
INSTAB	惩罚因子 w_i 高出基本情况的比例	1, 2, 5
$RP,\ TW$	项目检查周期长度或修复时间窗长度	$RP = TW = \sum_i d_i^B / n$

* 当所有活动资源需求量的最大值高于非常规资源可用量时，在两者之间取大。

表 7.4　实验测试的 4 种对比方法的基本情况

		当缓冲消耗超出阈值时，采取紧急资源分配策略	
		否	是
缓冲监控 & 重排	否	无行动	\
	是	SOR 方法	TSR 及 ASR 方法

在不同的资源可用量及成本参数下，对每个项目例子模拟执行 1000 次（$m = 1000$），以获得统计数据（进一步增大模拟次数对实验结果及结论没有实质影响）。为此，定义以下 4 种项目绩效指标，包括项目执行成本和质鲁棒性两个方面。

（1）资源成本（RC）：常规资源可用量成本与非常规资源成本之和，$RC = RC^{reg} + RC^{irreg}$。

（2）进度偏离成本（SC）：$SC = \sum\limits_{q=1}^{m} \sum\limits_{i \in N} w_i \left| S_{iq}^R - S_i^B \right| / m$。

（3）项目按时完工率（TPCP）：模拟完工期不超出计划完工期的概率，其函数为 $TPCP = Prob\ (S_{n+1}^r \leqslant \delta)$。项目完工保证率越高，说明响应策略越有效率。

（4）项目平均完工期（PCT）：$PCT = \sum\limits_{q=1}^{m} S_{n+1,\,q}^R / m$。

7.3.2　实验结果及分析

1. 活动选择指标的影响

除了上文 7.2.3 节定义的潜在成本节约指标（这里记作 PCS^1），本节模拟实验另外测试了两种指标 PCS^2 和 PCS^3，对比结果见表 7.5（其中 INSTAB = 1，IRCOST = 1.2，IRVAVL = 1）。

这 3 个指标或是基于局部视角或是基于整体视角，分别涉及项目成本的不同方面。

（1）$PCS_i^1 = CIW_i \cdot (s_i^{SOR} - s_i') + \Delta \left(\sum\limits_{k=1}^{K} \sum\limits_{r=rcd+1}^{\infty} U_{kt}^{irreg} c_k^{irreg} \right) \sum\limits_{k} RC_i^{irreg}$，

即 7.2.3 节式 7.4 所定义的指标。

$$(2)PCS_i^2 = \sum_{j \in NS_{i^*}} w_j \cdot (s_j^{SOR} - s'_{ij}) + \Delta(\sum_{k=1}^{K} \sum_{r=rcd+1}^{\infty} U_{kt}^{irreg} c_k^{irreg}) -$$

$\sum_{k=1}^{K} RC_i^{irreg}$。该指标计算的是对活动 i 分配紧急资源得到的新计划 RS'_i 相对于计划 RX^{SOR} 的所有活动进度偏离成本的减少量，而不是像 PCS_i^1 那样采用 CIW_i 作为近似。

$$(3)PCS_i^3 = w_i \cdot (s_i^{SOR} - s_i) - \sum_{k=1}^{K} RC_i^{irreg}$$。这一指标只针对当前得到紧急资源的活动 i，计算其减小的进度偏离成本与所需的紧急资源分配成本之差。

表 7.5　采用 TSR 方法时 3 种选择指标的绩效对比结果

项目绩效指标	PCS^1	PCS^2	PCS^3
RC	22 135	23 319	22 521
SC	436	523	497
TPCP	0.966	0.938	0.954
PCT	78.39	80.92	79.60

从表 7.5 可以看出，PCS^3 指标的绩效与 PCS^1 大体接近，但是 PCS^1 产生的资源成本和进度不稳定性成本都要更低一些，且按时完工率稍高、项目完工期稍低于 PCS^3。PCS^2 指标各方面绩效都是最差的。不同的参数设置（IRCOST、INSTAB、IRAVL）都能得到与此一致的结论。因此，为了保证本章所提考虑紧急资源分配的响应型策略具有更高性能，需要采用累积不稳定权重 CIW_i 以及考虑整体资源成本节约，这从实验上验证了 7.2.3 节提出 PCS^1 的指标在选择待分配紧急资源的活动时是合理有效的。

2. 成本/资源可用量的影响

本节实验针对不同的成本/资源可用量参数,对比分析4种方法的成本和时间绩效。首先,将非常规/常规资源相对成本比例 IRCOST 值固定为 1.5,图 7.7~图 7.10 描绘了项目各个绩效指标随 IRAVL 及 INSTAB 参数的变化情况。需要指出的是,因总成本量级较大,图中各曲线之间差距比较小,图 7.7(a)以无行动策略为基础另外绘制了 3 种反应式策略的总成本高于无行动的百分比曲线。从图 7.7 很容易看出,4 种方法下项目总执行成本变化趋势大体一致,即总成本随着不稳定性成本比例 INSTAB 的增大而增大,随着非常规/常规资源可用量比率 IRAVL 的增大而减小。进一步地,将总成本拆分成非常规资源成本及进度不稳定性成本以细化分析,图 7.8、图 7.9 分别显示了对应的成本部分。注意,这里没有考虑常规资源成本 RC^{reg},是因为在同一个 IRCOST 值下,RC^{reg} 值保持不变为 19 871(见表 7.6)。

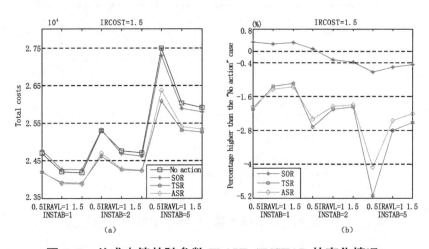

图 7.7　总成本绩效随参数 IRAVL/INSTAB 的变化情况

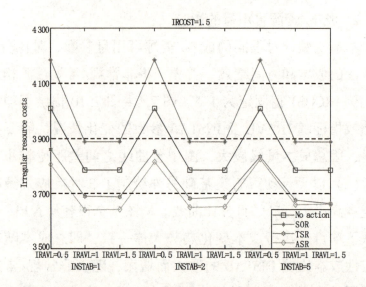

图 7.8   非常规资源成本随参数 IRAVL/INSTAB 的变化情况

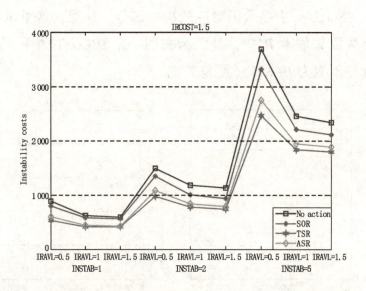

图 7.9   进度偏离成本随参数 IRAVL/INSTAB 的变化情况

124

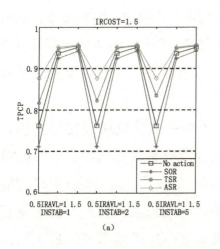 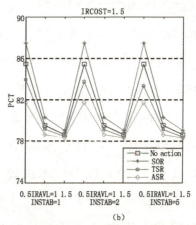

(a)   (b)

图 7.10 项目完工绩效随参数 IRAVL/INSTAB 的变化情况

表 7.6 不同 IRCOST 值下的 rcd 与 RC^{reg} 值

	IRCOST = 1.2	IRCOST = 1.5	IRCOST = 2
rcd	58	60	67
$RC^{reg} = rcd * \sum_{k=1}^{K} a_k c_k^{reg}$	19 438	19 871	21 045

图 7.9 说明，相对于不采取任何行动，3 种基于缓冲监控的反应式方法可以大大减少项目的不稳定性惩罚成本。当 INSTAB 值较小（INSTAB = 1）时，SOR 方法相对于无行动方法没有成本优势；而随着惩罚权重 w_i 的增加，SOR 重排方法在进度不稳定性成本方面变得更为有效，并且总成本也逐渐低于无行动。但要注意的是，SOR 方法下项目的进度绩效要劣于无行动，即项目完工期稍大、按时完工率更低，特别是当非常规资源的可用量较低时（见图 7.10）。这是因为在项目进度延迟时对计划进行单纯重排，通常会推迟那些还未开始任务的开始时间。这一结果同时也说明，CC/BM 计划在面临延迟时，仅仅依靠重排并

125

不能很好地解决干扰问题，为了保证较为满意的时间绩效，适当的控制行动——或者通过赶工缩短活动工期，或者增加额外资源以使活动开始时间提前——是必需的。而后一种策略正是本章TSR 及 ASR 方法提出的基础。

这两种资源再分配策略，不管是从恢复时间窗角度还是从活动角度，相对于 SOR 方法都能够有效提高项目的时间绩效（图 7.10）以及成本绩效（图 7.7），只是二者针对不同的成本结构表现出了不同的优势。确切来说，TSR 方法在恢复时间窗内所有可行活动构成的集合中选择成本节约最大的活动，虽然是局部优化但是其恢复时效性更有保证；而 ASR 方法总是能够以更少的紧急资源成本得到更高的按时完工率，因为其关注的正是那些影响项目关键链执行的紧要活动。因此，当 INSTAB 值较小时，两种方法的总成本差别不是很大，而当进度偏离惩罚权重增大时，TSR 方法较之 ASR 方法在降低总成本方面更具明显优势。

接下来，将不稳定惩罚权重相关参数 INSTAB 值固定为1，来分析项目总成本绩效随 IRAVL 及 IRCOST 参数的变化情况，结果如图 7.11 所示。同样地，因曲线之间的数值差距比较小，图 7.11（b）以无行动策略为基础另外绘制了 3 种反应式策略的总成本高于无行动的百分比曲线。通过分析，可以得到和前文相似的一些结论；不同的是，随着 IRCOST 的增加，ASR 方法逐渐优于 TSR 方法，因为前者需要的紧急资源成本总是更低，图 7.8 也已经证实了这一点。另外值得一提的是，非常规资源成本相对较低时，为了不至于招致较高的总成本，项目团队必须至少保证和常规资源可用量相当的非常规资源供应能力（即 IRAVL≥1）。然而，当 IRCOST 较大（IRCOST＝2）时，并不需要如此，即使非常规资源供应能力低于常规资源可用量（IRAVL＝0.5），也能得到相对于 IRAVL≥1 时的总成本来说尚可接受的成本绩效，也就是说 IRAVL＝0.5 时的总成本与 IRAVL≥1 时的总成本相差没有特别大。这一现象与模拟阶段生成的常规资源截止时点 rcd 的值有关，即 IRCOST 越大，rcd 也更大（表7.6），则常规资源供应时段更能提供足够的资源保护，因此企业对 rcd 之外的额外资源供应量不用有特别高的要求。以上结果为项目经理根据相关成本参数确定非常规资源的可供应能力提供了实用有效的指导。

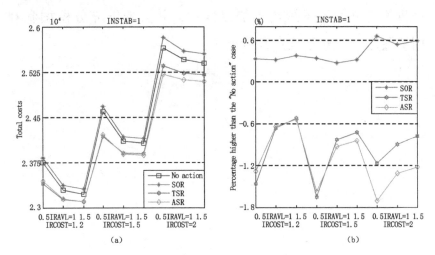

图7.11　总成本绩效随参数 IRAVL/IRCOST 的变化情况

总之，本章模拟实验部分显示了在 CC/BM 计划执行受到干扰时，运用反应式重排方法和紧急资源分配方法进行调度，进一步提高了缓冲监控的效率。首先，运用已调度顺序列表

SOR 策略可以大大增强关键链计划的稳定性，只是项目的完工有效性有所降低；其次，TSR 和 ASR 分别代表了不同的思考问题及解决问题的模式，两者都为不确定环境下项目管理者应当"何时"以及"怎样"利用紧急资源以有效响应缓冲消耗和进度偏差提供了合理有效的指导方针，且在项目进度和资源控制实践中易于传达和实施。具体应当选择哪一种资源再分配算法，取决于不稳定性惩罚权重以及非常规资源的相对成本：如果项目经理更侧重进度计划的稳定性，那么 TSR 方法应当是首选；如果调度紧急资源相当昂贵或者繁琐，那么 ASR 方法更值得推荐。此外，基于关键链管理视角的 ASR 方法能够获得更好的进度/时间绩效，因为其基于 TOC 理论将关键链作为系统约束加以保护，并且能够充分挖掘和利用接驳缓冲应对不确定性的能力。

第8章　关键链排序与缓冲管理的交互影响研究

众所周知，关键链是同时考虑了工艺优先关系和资源约束的最长路径，它是项目进度的制约因素（瓶颈），需要给予最大程度的保护。在 Goldratt 的著作和其他大多数文献中，如果有多条关键链，通常任意选择其中一条。在确定条件下这种随机选择无关紧要，因为关键链长度是固定的；但是在不确定环境下，最优关键链序列的选择问题值得深入探讨。关键链决定了缓冲插入位置及缓冲大小，合理选择最优关键链对于提升项目的完工绩效和鲁棒性有着不容忽视的作用。

此外，成功的实施项目比制订一个完美的计划更重要。本书第6章和第7章探讨了关键链项目进度失控时管理者可以采取的纠偏行动的种类和程度，分别提出了基于活动赶工和基于资源再分配的 CC/BM 项目控制方法，本章旨在分析应用不同的关键链识别优先级指标、设置不同的缓冲区尺寸以及采取不同的行动策略对项目鲁棒性能的交互影响，以求得到更具针对性的管理见解。

8.1　关键链识别的优先级指标

为了获得资源可行的关键链调度计划，已有研究广泛采用基于求解 RCPSP 的精确算法和启发式算法（见 2.1 节）。不管采用哪一种调度与识别方法，都有可能获得多条最长链路，现有文献在处理这一问题时几乎都是随机选取其中一条作为关键链。本章在 1.2.1 节识别出所有最长链路的基础上，建立了确定最优关键链的可选优先级指标。

1. 最大不确定性（VAR）

Long 和 Ohsato[29]在其研究中提出了一种模糊关键链调度方法，选取最长链路中不确定程度最大的作为关键链，定义为：

$$VAR = \max_h \sum_{i \in CC_h} Var_i = \max_h \sum_{i \in CC_h} (d_i^B \times cv_i)^2 \qquad (8.1)$$

其中 h 表示关键链的条数（$h \geq 2$），CC_h 表示第 h 条关键链上的关键活动集合。Var_i 为活动 i 工期的方差，cv_i 为变异系数。

2. 最小总开始时间（ST）

对于所有的备选关键链，尽管项目工期长度相同，但不同链路中关键活动的开始时间是不同的。因此，可以利用链上活动总的开始时间 $\sum_{i \in CC_h} S_i$ 在所有可行链路中选择最优关键链，表示为：

$$ST = \max_{h} \sum_{i \in CC_h} S_i \qquad (8.2)$$

其中 S_i 表示求解 RCPSP 获得的初始调度计划中活动的开始时间。

3. 最大/最小关键活动数量（NC1/NC2）

尽管所有关键链的长度相同，但是每条关键链上的关键活动数量（记为 NC_h）可能是不同的。因此，定义最大或最小关键活动数量作为优先级指标，表示为：

$$NC1 = \max_{h} NC_h \qquad (8.3)$$

$$NC2 = \max_{h} NC_h \qquad (8.4)$$

4. 最大累积不稳定权重（CIW）

显然，项目基准调度计划是指导活动间资源分配以及规划外部活动的基础。项目执行期间，任何活动开始时间偏离都会导致一定的惩罚成本，比如工人提前开工导致的额外组织成本、让分包商比预定计划推迟开始的费用、因计划变动造成的项目各关系方之间的协调成本以及紧急调度成本、原材料提前到达产生的仓储成本等。以权重 w_i 表示活动实际开始时刻偏离计划开始时刻每单位时间所引起的成本，定义最大累积不稳定权重指标如下：

$$CIW = \max_{h} \sum_{i \in CC_h} CIW_i \qquad (8.5)$$

其中 $CIW_i = w_i + \sum_{j \in Succ_i} w_j$，$Succ_i$ 表示活动 i 的直接与间接后继的集合。该指标的提出是为了尽可能保护不稳定性影响较大活动的开始时间。

5. 最大资源利用率（RF）

Demeulemesster 等[111]提出了多种度量不同种资源对项目

调度实例求解难易影响关系的指标，本章选取其中的资源利用因子（resource utilization factor，RF）作为确定最佳关键链的依据之一。RF 定义为针对每种资源活动的单位周期资源需求与所有可用资源的比率，表示如下：

$$RF = \max_h \sum_{i \in CC_h} \sum_{k=1}^{K} RF_{ik} = \max_h \sum_{i \in CC_h} \sum_{k=1}^{K} (r_{ik}/R_k) \quad (8.6)$$

8.2 三类响应策略

在 CC/BM 框架下，本章研究对比了以下 3 类进度响应策略。

1. 进度计划重排策略

7.2.2 节介绍了一种已调度顺序列表重排策略（SOR），即按照基准调度计划中活动开始时间确定各任务的调度优先顺序。除了需要明确活动调度顺序，在某个时间点具体应当启动哪个或哪些活动还取决于所谓的调度生成机制（schedule generation scheme，SGS）。现有文献广泛采用两类 SGS，即并行机制（PSGS）和串行机制（SSGS），二者都旨在确保可行活动尽早开始，从而最小化项目完工期[112]。

Vonder 等[99]以最小化项目实际进度与基准计划的偏差为目标，提出了鲁棒并行机制（RoPSGS）和鲁棒串行机制（RoSSGS）。具体地，鲁棒并行机制的运行方式与 PSGS 类似，从前到后在每一时刻点作出每个活动是否执行的决策；但有一个额外约束，即活动 i 的重排开始时间 S_i^R 不能早于计划开始时间 S_i^B。鲁棒串行机制同样旨在将重排开始时间与计划开始时间的偏差 $\varepsilon = \Delta\,(S_i^R - S_i^B)$ 最小化，但是其允许活动 i 早于计划开始时间开始，且调度活动 i 于 $S_i^B - \varepsilon$ 开始，优先于 $S_i^B + \varepsilon$。

2. 活动赶工策略

对活动赶工即通过增加更多的人力或设备加快工作进度，缩短活动时间。第 6 章提出了一种考虑赶工成本的缓冲控制方法，重新叙述如下。

步骤 0：采用 1.2.1 节所述方法进行关键链调度及插入缓冲，建立 CC/BM 基准调度计划。

步骤 1：$t = 0$ 时项目开始执行。

步骤 2：通过 Monte Carlo 模拟方法计算未完成活动的 EEI 值（式 6.6），并按照 EEI 由大到小排序。

步骤 3：在每个监控点（时刻 t），如果检查到缓冲消耗超出计划阈值，则按照以下步骤制订行动计划及采取实际行动：

步骤 3.1：计算缓冲超出量 $Exceed_j = BC_j - (a_1 \times PCC + b_1) \times B$，其中 B 表示缓冲的尺寸。

步骤 3.2：定义赶工备选活动集 $\{S_j^h\}$，表示与活动 j 在同一条链上的后续活动集合。定义另一活动集 $A = \varnothing$。选择满足以下两个条件的活动 k：$k \in \{S_j^h\}$，且 $EEI_k = \max\,(EEI_i)$，$\forall i \in \{S_j^h \setminus A\}$（即在下一次循环时选择活动 j 后续活动中 EEI 次大的活动），定义活动 k 的预赶工时间 $\widetilde{et}_k = \min\,(v_k,$

$Exceed_j$），然后更新缓冲超出量 $Exceed_j = Exceed_j - \tilde{et}_k$，并将活动 k 加入集合 A 中。

①如果活动 k 是时刻（$t+1$）正要开始执行的活动，则其实际赶工时间为 $et_k = \tilde{et}_k$，从而活动 k 的实际执行时间为 $d_k - et_k$；

②否则，令 $et_k = 0$。

步骤 3.3：如果 $Exceed_i \neq 0$，重复步骤 3.2；否则，转到步骤 4。

步骤 4：$t = t+1$，重复步骤 3，直至项目完成。

3. 增加资源策略

该策略是指通过紧急增加资源的供应量，以使活动突破资源约束尽早开始，第 7 章提出了一种基于修复时间窗的资源再分配策略，重新叙述如下。

步骤 0：采用 1.1.2 节所述方法进行关键链调度及插入缓冲，建立 CC/BM 基准调度计划。

步骤 1：$t=0$ 时项目开始执行。

步骤 2：对于资源分配截止时点 rcd 之前的时段（$t \leq rcd$），如果在某个监控点 $t = t^*$ 检查到缓冲消耗超出行动阈值，则按照以下步骤制订紧急资源分配计划并采取实际行动：

步骤 2.1：按照计划开始时间构造活动列表 L_{EBST}，运用 SOR 方法得到活动 i（$i \in NS_{t^*}$）在原资源约束（式7.3）条件下重排后的开始时间 S_i^{SOR}。

步骤 2.2：确定一个活动集合 $S_t^{NEXT} \subseteq NS_{t^*}$，包含计划开始时间在当前时间点之后一个时间窗之内的所有活动，即 $S_i^B \leq t^* + TW$。针对该集合中的每个活动 i，检查其是否能够不考虑常规资源约束即条件 4 而向左移动（提前调度），同时需要满足 7.2.2 节中的条件 1~3。如果是，则只对活动 i 放松资源约束，即以成本 $\sum_{k=1}^{K} RC_i^{irreg}$ 对活动 i 增加紧急资源使其能够在时刻 S_i^* 提前开始。然后，运用 SOR 方法得到项目其余未执行活动 j（$j \in NS_{t^*} \setminus \{i\}$）的开始时间 S_{ij}'，由此生成对活动 i 增加紧急资源后的修复计划 RS_i'。

步骤 2.3：计算集合 $S_{t^*}^{NEXT}$ 中每个活动 i 的潜在成本节约指标 PCS_i，从中选择具有最大成本节约值的活动，记为 p。注意，如果具有最大成本节约的活动其 PCS_p 值为负，说明对该活动分配额外资源是得不偿失的，则不需要将该活动记录下来。

步骤 3：项目继续按并行调度方式执行，$t = t+1$。当步骤 2.3 记录下来的活动 p 在时刻 t 满足上述条件 1~3 而受限于条件 4 时，则对活动 p 增加紧急资源使其能够提前开始，实际增加的资源量 U_{kt}^{req} 等于活动 p 当前缺少的资源量：$U_{kt}^{req} = r_{pk} + \sum_{j \in A_t} r_{jk} - a_k$，$a_{kt}^{obs} = a_{kt}^{obs} + U_{kt}^{req}$。紧急资源的供应时段以保证活动 p 完成为止，如果期间有其他活动完成并释放了同种资源，则不再需要调用额外资源。

步骤 4：当项目执行时间超出 rcd 时（$t > rcd$），不用判断是否需要对某个单独活动增加紧急资源（即不执行步骤 2），只需采用 SOR 方法调度执行项目剩余活动，按照式 7.3 定义的非常规资源约束，按时段按需调用非常规资源。

步骤 5：重复上述步骤，直到项目执行结束。

8.3 交互影响实验分析

基于以上分析，本节进行了综合模拟实验，旨在测试不同缓冲尺寸下 6 种关键链识别优先级指标的有效性，同时测试不同参数组合下 4 种重排策略及两种行动策略的有效性。为了体现关键链识别的效果，实验从 PSBLIB_J30 问题库中选取具有两条以上关键链的项目实例作为测试集，采用 MATLAB 编写和运行程序。

8.3.1 实验设置

和第 5~7 章模拟实验部分保持一致，本章采用对数正态分布来生成随机活动工期，均值为项目网络中给出的活动时间，项目不确定性水平以变异系数（*cv*）表示。仿真实验在每个活动完成时对项目执行一次监控，并检查缓冲消耗情况。具体参数及取值见表 8.1。

表 8.1 模拟实验参数取值

参　数	取　值
活动 i 的工期不确定水平，cv_i	$cv_i \sim U\ (0.5,\ 1)$
活动 i 的工期均值，u_i	$u_i = \ln\ (d_i^B / \sqrt{1+cv_i^2}\ )$
项目缓冲大小，PB	$PB = \lfloor 30\% \times S_{n+1}^B \rfloor$
接驳缓冲大小占非关键链的比例，$FBper$	$FBper = \{10\%,\ 20\%,\ 30\%,\ 40\%,\ 50\%\}$

参　数	取　值
活动 i 的权重 w_i，表示活动实际开始时刻偏离计划开始时刻每单位时间所引起的成本	$P(w_i = x) = 0.21 - 0.2x, x \in \{1, 2, \cdots, 10\}$
活动 i 的赶工时间，et_i	$et_i \sim U(0, d_i^B \times 0.5)$
项目检查周期长度或修复时间窗长度	$RP = TW = \sum_{i \in N} D_i / n$
Monte Carlo 模拟总次数	$m = 1000$

定义以下 3 个项目绩效指标，包括项目鲁棒性和执行成本两个方面。

（1）进度偏离成本（SC）：$SC = \sum_{q=1}^{m} \sum_{i \in N} w_i |S_{iq}^R - S_i^B| / m$。当活动的实际开始时间和计划开始时间之间的绝对偏差较小时，调度方案具有更高的解鲁棒性。

（2）项目平均完工期（PCT）：$PCT = \sum_{q=1}^{m} S_{n+1}^R / m$。该指标值越小，调度方案的质鲁棒性就越高。

（3）行动成本（action cost）：这一指标包括总赶工成本 $EC = \sum_{q=1}^{m} (\sum_{i=1}^{m} ec_i \times et_{iq}) / m$，或应急资源总成本 $RC = \sum_{q=1}^{m} (\sum_{k=1}^{K} \sum_{t=1}^{T} U_{ktq} \times rc_k) / m$，取决于所采取的控制行动。该指标值越低，纠偏措施的成本效益就越高。其中 U_{ktq} 表示在第 q 次模拟运行中即时租用/购买的额外应急资源单元的数量。

8.3.2 优先级指标对比

本节旨在测试不同缓冲尺寸下 6 种关键链识别优先级指标的有效性。由于两种非鲁棒性重排策略（PSGS 和 SSGS）所得结果的变化趋势相似，两种鲁棒性重排策略（RoPSGS 和 RoSSGS）所得结果的变化趋势也相似，图 8.1 和图 8.2 分别描绘了采用 PSGS 和 RoPSGS 两种重排策略的结果。从图中可以看出，CC/BM 调度计划的鲁棒性能取决于关键链序列的选择和接驳缓冲的大小。下面，我们将详细分析实验结果。

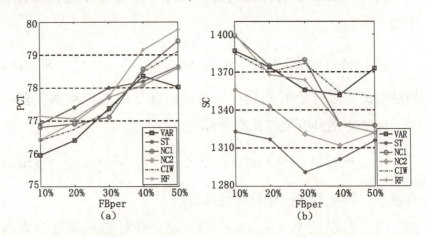

图 8.1 PSGS 重排策略下 6 种关键链识别优先级指标的绩效对比结果

首先，随着接驳缓冲尺寸的增加，几乎每种优先级指标所对应的项目平均完工时间都增大，而进度偏离成本通常先减小后增大。这一变化趋势表明 FB 过短或过长都会对项目调度方案的鲁棒性产生不利影响，也验证了文献［33］、［27］等的研究结果，即 Goldratt 提出的剪切法（50％法）大大高估了缓冲区的大小。因此，从缓冲设置的便利性及有效性方面考虑，本书建议项目经理将接驳缓冲尺寸设置为相应非关键链长度的 20%~30%，此时关键链计划能获得相对最优的鲁棒性结果。

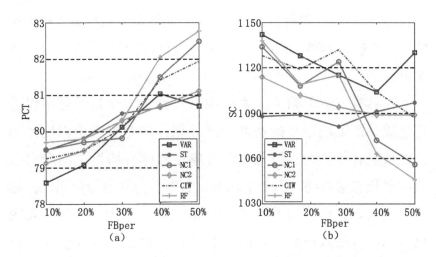

(a)　　　　　　　　　(b)

图 8.2　RoPSGS 重排策略下 6 种关键链识别优先级指标的绩效对比结果

其次，从图 8.1 和图 8.2 可以看出，质鲁棒性和解鲁棒性绩效与接驳缓冲尺寸的变化趋势相互冲突，即某种关键链识别优先级指标可以取得较好的进度稳定性，但却是以更长的项目完工期为代价；反之亦然。在 6 种优先级指标中，采用最大不确定性（VAR）指标通常可以获得最短的项目完工期，尤其是在 FB 尺寸相对较小（$FBper = 10\%$，20%）或较大（$FBper = 50\%$）的情况下。这一结果的原因在于，VAR 指标选取工期不确定性较大的活动作为关键活动，而缓冲的插入正是为了吸收非关键链活动的工期变动，保护关键链活动的顺利执行，从而保护项目完工期。在图 8.1 所示 PSGS 策略下，采用最小总开始时间（ST）指标对应的项目解鲁棒性最优（进度偏离成本最低），这是因为 ST 指标选取开始时间较早的关键活动构成关键链，与 PSGS 机制的尽早执行策略（as soon as possible）具有一致性。但是，当接驳缓冲尺寸过大时，ST 指标的解鲁棒性优势减弱。如图 8.2 所示 RoPSGS 策略下，$FBper$＝40％，50％时 ST 指标的解鲁棒性较 NC1 和 RF 更差。

在具有大量不确定因素的项目实践中，项目经理不仅希望生成一个工期最短的基准调度计划，同时也希望调度计划按照预期有效执行，因此在质鲁棒性和解鲁棒性之间取得适当的平衡非常重要。图 8.1 和图 8.2 中，与其他指标相比，最小关键活动数量 NC2 指标对应的曲线均位于中间位置，表明该指标综合绩效最好，可以作为选择关键链的最佳依据。需要注意的是，关键链上的活动数量越少，项目按照计划执行的联合概率相对越高。以上结果表明，选择不同关键链序列对项目调度质鲁棒性和解鲁棒性的影响不容忽视，这对 Goldratt 等学者的传统观念提出了挑战。

8.3.3 响应策略对比

本节旨在测试不同缓冲尺寸以及不同参数组合下 6 种进度响应策略的有效性。图 8.3 和图 8.4 分别描绘了采用 VAR 和 NC2 指标选择最优关键链的项目绩效结果，其他 4 种关键链识别优先级指标得到的结果与此类似。从图中可以看出，两种非鲁棒性重排策略在项目完工期方面表现更优，而在进度稳定性方面则表现更差，这一结果与预期一致。RoPSGS 策略在完工时间和进度稳定性两个方面都稍优于 RoSSGS，因此 RoPSGS 策略是 CC/BM 框架下项目管理者应当采取的最优重排策略。此外，我们还可以得出一些与 8.3.2 节相似的结论，例如当接驳缓冲尺寸设置为相应非关键链长度的 20%~30% 时，项目综合绩效能够保持在更令人满意的水平。

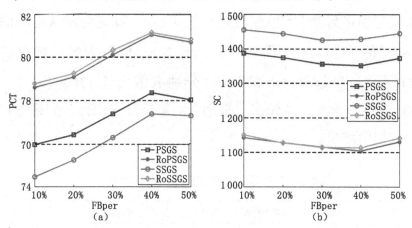

图 8.3　采用 VAR 指标时 4 种重排策略的绩效对比结果

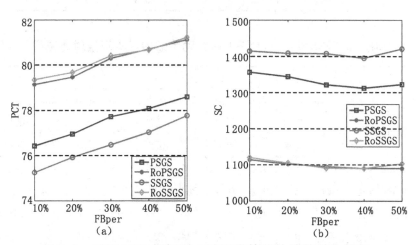

图 8.4　采用 NC2 指标时 4 种重排策略的绩效对比结果

综合以上实验结果，接下来采用 NC2 指标确定最优关键链序列，并将接驳缓冲尺寸设置为相应非关键链长度的 30%（$FBper = 30\%$）。实践中，采取纠偏行动的单位成本通常高于甚至远远高于进度不稳定权重（服从 [1，10] 的离散三解分布，记为默认情况），否则项目团队为了保持实际进度跟上基准计划只能疲于采取行动，这也不符合项目管理现实。因此，本实验中将活动 i 的单位时间赶工成本 ec_i 设置为默认情况的 $Ratio^{ec}$ 倍，将紧急资源 k 的单位成本 rc_k 设置为默认情况的 $Ratio^{rc}$ 倍，参数 $Ratio^{ec}$ 和 $Ratio^{rc}$ 分别取值为 5、10、15、20、30，表 8.3 和表 8.4 给出了采用赶工策略和资源再分配策略获得的绩效结果。

表 8.2　6 种响应策略的进度绩效对比结果

方法	赶工	增加资源	赶工	增加资源	赶工	增加资源
PCT	66.78	69.29	77.71	80.30	76.48	80.40
SC	1 047	1 088	1 321	1 094	1 407	1 090

表 8.3　不同参数组合下两种行动策略的成本绩效对比结果

	行动成本									
	$Ratio^{rc}=5$		$Ratio^{rc}=10$		$Ratio^{rc}=15$		$Ratio^{rc}=20$		$Ratio^{rc}=30$	
方法	赶工	增加资源	赶工	增加资源	赶工	增加资源	赶工	增加资源	赶工	增加资源
$Ratio^{ec}=5$	136	83	136	174	136	256	136	386	136	520
$Ratio^{ec}=10$	284	83	284	174	284	256	284	386	284	520
$Ratio^{ec}=15$	426	83	426	174	426	256	426	386	426	520
$Ratio^{ec}=20$	534	83	534	174	534	256	534	386	534	520
$Ratio^{ec}=30$	819	83	819	174	819	256	819	386	819	520

续表

	行动成本								
	总成本=进度偏离成本+行动成本								
	$Ratio^{re}=5$		$Ratio^{re}=10$		$Ratio^{re}=15$		$Ratio^{re}=20$		$Ratio^{re}=30$	
方法	赶工	增加资源	赶工	增加资源	赶工	增加资源	赶工	增加资源	赶工	增加资源
$Ratio^{ec}=5$	1 183	1 171	1 183	1 262	1 183	1 344	1 183	1 474	1 183	1 608
$Ratio^{ec}=10$	1 331	1 171	1 331	1 262	1 331	1 344	1 331	1 474	1 331	1 608
$Ratio^{ec}=15$	1 473	1 171	1 473	1 262	1 473	1 344	1 473	1 474	1 473	1 608
$Ratio^{ec}=20$	1 581	1 171	1 581	1 262	1 581	1 344	1 581	1 474	1 581	1 608
$Ratio^{ec}=30$	1 866	1 171	1 866	1 262	1 866	1 344	1 866	1 474	1 866	1 608

根据表 8.2 和表 8.3 实验结果，可以得到以下结论。首先，4 种进度重排策略生成的项目平均完工期比赶工策略及增加资源策略更长，说明 CC/BM 计划在面临延迟时，仅仅依靠重排并不能很好地解决干扰问题，为了保证较为满意的时间绩效，适当的控制行动——或者通过赶工缩短活动工期，或者增加额外资源以使活动开始时间提前——是必需的。特别是当 $Ratio^{ec}<15$ 且 $Ratio^{re}<20$ 时，采取行动策略的总成本大多数情况下不高于重排策略的进度偏离成本，此时采取赶工或者增加资源策略能够保证令人满意的控制绩效。在其他情况下，采取哪种响应策略取决于项目经理对时间-成本权衡的偏好：如果项目团队更加重视项目的交付日期，则有必要赶工或增加资源；如果项目更受预算/资金的限制，管理团队则不得不依赖重排策略解决进度干扰问题。

其次，表 8.2 显示赶工策略在项目完工期和进度稳定性方面都要优于增加资源策略，即采取措施压缩活动的执行时间比作用于活动开始时间更加有效，因为前者是对活动工期风险进行直接干预和控制。进一步分析表 8.3 中的总成本可知，赶工和增加资源两种策略的优劣很大程度上取决于成本参数取值。具体来说，当 $Ratio^{ec}/Ratio^{rc} < 1$（灰色标记）时，对活动赶工可以获得更低的总成本，此时赶工策略的综合控制绩效更好；当 $Ratio^{ec}/Ratio^{rc} \geqslant 1$ 时，增加应急资源带来的总成本更低，此时如果项目团队对成本更敏感，那么尽管赶工策略对应的项目完工期更短，但是增加应急资源却是更为经济的选择。综上所述，本章实验结果为项目经理在工期不确定条件下选择最优关键链、确定最佳缓冲尺寸以及采取合适的响应策略提供了有用的指导信息。

第9章　研究展望

　　CC/BM 作为一种新兴的项目管理调度方法，可较好地降低项目受不确定性因素影响的程度并考虑资源约束改善项目计划，被认为是继 CPM/PERT 之后项目管理领域最重要的进展之一。缓冲是 CC/BM 的重要概念，其实质是一种集中管理的安全时间，其大小反映了项目中的不确定性程度；缓冲监控是实施项目进度控制的重要手段，通过设置缓冲监控阈值来判断项目整体进度风险，并提出切实可行的行动策略对进度偏差加以纠正。本书基于 CC/BM 中的缓冲管理对项目进度和成本进行综合计划与控制，取得了一定的研究成果。未来可以考虑从以下方面继续开展研究工作。

　　（1）多项目环境中缓冲监控模型的构建。本书研究只针对单项目环境，而实际中多个项目并行执行才是项目管理面临的真实情况。多项目环境涉及单项目中所没有的能力约束缓冲，从而更为复杂。如何为多个子项目分别设置合理的缓冲监控阈值，如何设计与子项目、活动及资源相关的优先规则，以有效应对执行过程中的进度偏差并提高多项目的资源利用效率，可以作为未来研究的一个方向。

（2）考虑项目执行中资源的不确定性。目前，有关CC/BM的研究大都只考虑了时间不确定因素，而假设资源可用量是确定的已知常量。但是在实际的项目调度中，资源供给往往面临着极大的不确定性，例如工程项目中外购原材料没有按时按量送达，外包的任务完工交货时间发生变化，新聘员工的熟练程度以及很多人为或自然灾害所造成的项目实际可用资源的到达时间和到达数量不确定等。本书第7章提出将资源投入时间作为一个决策变量，是非常初步的一点思考；为了更好地反映项目实际执行情况，对资源不确定条件下的缓冲大小设置及监控问题进行系统深入研究，是未来另一个值得关注的重要内容。

（3）与鲁棒项目调度方法进一步集成。CC/BM 的缓冲设置体现了风险聚合原理，为不确定情况下的项目计划与控制提供了一种重要方法，其实际上也是一种鲁棒性项目调度方法，多用于解决完工鲁棒性问题，而较少关注解的鲁棒性。资源流网络是鲁棒性项目调度的另一种重要方法，该方法在解决项目解鲁棒性方面已经取得了相当好的研究成果，然而目前极少有研究将其拓展至 CC/BM 研究领域。本书第3章仅将资源流网络思想初步应用于估算缓冲大小，下一步研究将针对其解决资源冲突的优良特性，将该方法应用于关键链基准计划的建立以及反应调度计划的生成，也就是将 CC/BM 管理逻辑与资源流网络相结合研究鲁棒关键链项目调度问题，这方面的研究值得期待。

（4）缓冲管理理论的应用。本书现有的研究成果主要集

146

中在模型、算法与计算仿真方面，具有实际项目背景的应用研究相对缺乏，这在一定程度上限制了更为广泛的管理结论的提出。缓冲管理理论的应用对于保证项目按计划按期完工具有十分重大的意义，因此，未来的研究还需要进一步验证缓冲管理相关方法在特定领域项目实践中的绩效表现，并探索解决其在实际应用中遇到的一些问题，加强理论上具有优良绩效的模型与算法的推广应用。

参考文献

［1］ 赛云秀. 项目管理的发展与应用［M］. 西安：陕西人民出版社，2012.

［2］ The Project Management Institute. Guide to the project management body of knowledge：PMBOK guide［M］. Newtown Square：The Project Management Institute，2008.

［3］ 张俊光. 关键链项目动态缓冲管理［M］. 北京：化学工业出版社，2016.

［4］ Sabeghi N，Tareghian H R，Demeulemeester E，et al. Determining the timing of project control points using a facility location model and simulation［J］. Computers & Operations Research，2015，61：69-80.

［5］ 方晨，王凌. 资源约束项目调度研究综述［J］. 控制与决策，2010，25（5）：641-650.

［6］ 邱菀华. 现代项目风险管理方法与实践［M］. 北京：科学出版社，2003.

［7］ Goldratt E M. Critical chain［M］. Great Barrington，MA：

148

North River Press，1997.

［8］ Leach L P. Critical chain project management：2th ed. ［M］. London：Artech House，2005.

［9］ 别黎. 关键链项目管理中的缓冲估计与监控方法研究 ［D］. 武汉：华中科技大学，2012.

［10］ 马士华，崔南方，周水银，林勇. 生产运作管理：第三版 ［M］. 北京：科学出版社，2018.

［11］ 田文迪. 随机 DTRTP 环境下项目调度策略的比较研究 ［D］. 武汉：华中科技大学，2011.

［12］ Demeulemeester E，Herroelen W. A branch-and-bound procedure for the multiple resource-constrained project scheduling problem ［J］. Management science，1992，38 （12）：1803−1818.

［13］ 赵雁. 时间缓冲设置与鲁棒性项目调度 ［D］. 武汉：华中科技大学，2014.

［14］ Herroelen W，Leus R. Robust and reactive project scheduling：a review and classification of procedures ［J］. International Journal of Production Research，2004，42 （8）：1599−1620.

［15］ 别黎，崔南方. 关键链动态缓冲监控方法研究 ［J］. 中国管理科学，2010，18 （6）：97−103.

［16］ 彭武良，王成恩. 关键链项目调度模型及遗传算法求解 ［J］. 系统工程学报，2010，25 （1）：123−131.

［17］ 彭武良，金敏力，徐皓. 基于差分进化的关键链项目调度

方法 [J]. 系统管理学报, 2013, 22 (6): 855-860.

[18] Rabbani M, Ghomi S M T, Jolai F, Lahiji N S. A new heuristic for resource-constrained project scheduling in stochastic networks using critical chain concept [J]. European Journal of Operational Research, 2007, 176 (2): 794-808.

[19] 林晶晶, 周国华, 杨琴. 考虑资源可替代性的关键链调度方法研究 [J]. 管理学报, 2010.

[20] Peng W, Xu H. The scheduling problem of active critical chain method [J]. Information Technology Journal, 2012, 11 (7): 829-839.

[21] 胡晨, 徐哲, 李明. 基于多资源约束和活动调整优先级的关键链识别方法研究 [J]. 数学的实践与认识, 2015b, (23): 48-56.

[22] Peng W, Huang M. A critical chain project scheduling method based on a differential evolution algorithm [J]. International Journal of Production Research, 2014, 52 (13): 3940-3949.

[23] Ma G, Wang A, Li N, et al. Improved critical chain project management framework for scheduling construction projects [J]. Journal of Construction Engineering and Management, 2014, 140 (12): 1-12.

[24] 马国丰, 严勇, 尤建新, 等. 关键链项目进度计划的鲁棒优化的研究 [J]. 系统管理学报, 2014, 23 (5):

704-710.

[25] 张静文, 刘耕涛. 鲁棒性视角下的关键链项目调度新方法 [J]. 运筹与管理, 2015a, 24 (3): 197-204.

[26] 张静文, 刘耕涛. 基于鲁棒性目标的关键链项目调度优化 [J]. 系统工程学报, 2015b, 30 (1): 135-144.

[27] Tukel O I, Rom W O, Eksioglu S D. An investigation of buffer sizing techniques in critical chain scheduling [J]. European Journal of Operational Research, 2006, 172 (2): 401-416.

[28] Zhang J, Song X, Chen H, et al. Optimisation of critical chain sequencing based on activities´ information flow interactions [J]. International Journal of Production Research, 2015, 53 (20): 6231-6241.

[29] Long L D, Ohsato A. Fuzzy critical chain method for project scheduling under resource constraints and uncertainty [J]. International Journal of Project Management, 2008, 26 (6): 688-698.

[30] 闫文周, 任格叶. 关键链的随机性及其在建筑工程项目进度中的应用 [J]. 工业工程, 2014, 6: 111-114.

[31] Newbold R C. Project Management in the Fast Lane - Applying the Theory of Constraints [M]. Boca Raton: The St Lucie Press, 1998.

[32] Leach L P. Schedule and Cost Buffer Sizing: How to Account for the Bias Between Project Performance and Your

Model [J]. Project Management Journal, 2003, 34 (2): 34-47.

[33] Bie L, Cui N, Zhang X. Buffer sizing approach with dependence assumption between activities in critical chain scheduling [J]. International Journal of Production Research, 2012, 50 (24): 7343-7356.

[34] Iranmanesh H, Mansourian F, Kouchaki S. Critical chain scheduling: a new approach for feeding buffer sizing [J]. International Journal of Operational Research, 2015, 25 (1): 114-130.

[35] 褚春超. 缓冲估计与关键链项目管理 [J]. 计算机集成制造系统, 2008, 14 (5): 1029-1035.

[36] 曹小琳, 刘仁海. 关键链项目管理缓冲区计算方法研究 [J]. 统计与决策, 2010 (3): 69-71.

[37] 马力, 管在林, 何敏, 邵新宇. 基于关键链的自适应缓冲设置方法研究 [J]. 华中科技大学大学学报 (自然科学版), 2008, 36 (11): 80-82.

[38] 杨立熙, 李世其, 黄夏宝, 等. 属性相关的关键链计划缓冲设置方法 [J]. 工业工程与管理, 2009, 14 (1): 11-14.

[39] 高朋, 冯俊文. 基于灰色关键链的项目进度管理方法及其应用 [J]. 工业工程与管理, 2009, 14 (3): 55-59.

[40] 单汩源, 刘永, 任斌, 张人龙. 基于不确定因素视角的关键链缓冲区研究 [J]. 软科学, 2009, 23 (8): 26-29.

[41] 施骞, 王雅婷, 龚婷. 项目缓冲设置方法及其评价指标改进 [J]. 系统工程理论与实践, 2012, 32 (8): 1739-1746.

[42] 张俊光, 宋喜伟, 贾赛可, 等. 基于梯形模糊数的项目缓冲确定方法研究 [J]. 管理工程学报, 2015, 29 (02): 223-228.

[43] 蒋国萍, 陈英武. 基于关键链的软件项目进度风险管理 [J]. 计算机应用, 2005, 25 (1): 56-57.

[44] 张俊光, 沈佳佳, 杨双. 基于缓冲的软件项目工作量估算模型研究 [J]. 管理工程学报, 2015, 29 (04): 171-177.

[45] 梅林, 刘欣, 高亮. 基于模糊理论和帕累托法则的关键链缓冲估计探讨 [J]. 统计与决策, 2016 (04): 81-84.

[46] 胡晨, 徐哲, 于静. 基于工期分布和多资源约束的关键链缓冲区大小计算方法 [J]. 系统管理学报, 2015a, 24 (2): 237-242.

[47] Zhang J, Song X, Díaz E. Project buffer sizing of a critical chain based on comprehensive resource tightness [J]. European Journal of Operational Research, 2016, 248 (1): 174-182.

[48] Zhang J, Song X, Diaz E. Critical chain project buffer sizing based on resource constraints [J]. International Journal of Production Research, 2016, 55 (3): 671-683.

[49] Zhang J, Song X, Chen H, et al. Determination of critical

chain project buffer based on information flow interactions [J]. Journal of the Operational Research Society, 2016, 67 (9): 1146-1157.

[50] Hoel K, Taylor S. Quantifying buffers for project schedules [J]. Production and Inventory Management Journal, 1999, 40 (2): 43-47.

[51] 刘士新, 宋健海, 唐加福. 资源受限项目调度中缓冲区的设定方法 [J]. 系统工程学报, 2006, 21 (4): 381-386.

[52] 徐小琴, 韩文民. 关键链汇入缓冲区的设置方法 [J]. 工业工程与管理, 2007, 12 (5): 51-55.

[53] 王艺, 崔南方, 胡雪君. 关键链项目调度中复合接驳缓冲设置方法 [J]. 工业工程与管理, 2014, 19 (3): 47-52.

[54] 王艺, 崔南方. 接驳缓冲设置中的独立时差策略 [J]. 工业工程, 2015, 18 (2): 127-132.

[55] 田文迪, 崔南方, 付樟华. 基于分支定界法的关键链项目计划重排 [J]. 计算机应用研究, 2011, 28 (11): 4035-4039.

[56] 崔南方, 赵雁, 胡雪君, 田文迪. 关键链断裂情况下的缓冲设置方法比较研究 [J]. 运筹与管理, 2016, 25 (3): 255-260.

[57] 赵振宇, 吕乾雷. 项目进度控制的双边缓冲区方法研究 [J]. 工程管理学报, 2010, 24 (5): 559-563.

［58］ 徐小峰, 李想, 刘家国. 项目关键链资源计划进度偏差预警控制模型 ［J］. 系统工程学报, 2014, 29 （6）: 845-851.

［59］ Zhang J, Shi R, Diaz E. Dynamic monitoring and control of software project effort based on an effort buffer ［J］. Journal of the Operational Research Society, 2015, 66: 1555 -1565.

［60］ 张俊光, 徐振超. 基于缓冲的研发项目风险概率监控方法 ［J］. 统计与决策, 2016, （9）: 179-181.

［61］ 彭武良, 金敏力, 纪国焘. 多模式关键链项目调度问题及其启发式求解 ［J］. 计算机集成制造系统, 2012, 18 （01）: 93-101.

［62］ Peng W, Huang M, Hao Y. A multi-mode critical chain scheduling method based on priority rules ［J］. Production Planning & Control, 2015, 26 （12）: 1011-1024.

［63］ 别黎, 崔南方. 关键链多项目管理中能力约束缓冲大小研究 ［J］. 计算机集成制造系统, 2011, 17 （07）: 1534-1540.

［64］ 别黎, 崔南方, 赵雁, 等. 关键链多项目调度中分散式能力约束缓冲设置法 ［J］. 管理工程学报, 2013, 27 （02）: 148-153.

［65］ 李俊亭, 杨睿娟. 关键链多项目进度计划优化 ［J］. 计算机集成制造系统, 2013, 19 （3）: 631-640.

［66］ Yang S, Fu L. Critical chain and evidence reasoning applied to multi-project resource schedule in automobile R&D process [J]. International Journal of Project Management, 2014, 32 (1): 166–177.

[67] Zheng Z, Guo Z, Zhu Y, et al. A critical chains based distributed multi-project scheduling approach [J]. Neurocomputing, 2014, 143 (16): 282–293.

[68] 刘琼, 林魁, 张超勇, 等. 基于关键链多项目鲁棒调度 [J]. 计算机集成制造系统, 2012, 18 (04): 813–820.

[69] 王伟鑫. 不确定环境下的多项目调度研究 [D]. 重庆: 重庆大学, 2014.

[70] Shou Y, Yeo K T. Estimation of project buffers in critical chain project management [C]. Proceedings of the IEEE international conference on management of innovation and technology, 2000: 162–167.

[71] Lee E, Park Y, Shin J G. Large engineering project risk management using a bayesian belief network [J]. Expert System with Applications, 2009, 36 (3): 5880–5887.

[72] Zhang L, Wu X, Ding L, et al. Decision support analysis for safety control in complex project environments based on Bayesian Networks [J]. Expert Systems with Applications, 2013, 40 (11): 4273–4282.

[73] 李丽娟, 高建民, 陈琨. 基于 Bayesian 网络的机械加工缺陷溯源方法 [J]. 计算机集成制造系统, 2010, 16 (7): 1452–1457.

[74] Luu V T, Kim S Y, Tuan N V, et al. Quantifying schedule risk in construction projects using Bayesian belief networks [J]. International Journal of Project Management, 2009, 27 (1): 39-50.

[75] Creemers S, Demeulemeester E, Van de Vonder S. A new approach for quantitative risk analysis [J]. Annals of Operations Research, 2014, 213: 27-65.

[76] Cooper D, Grey S, Raymond G, et al. Project risk management guidelines: Managing risk in large projects and complex procurements [M]. John Wiley & Sons, 2005.

[77] Artigues C, Michelon P, Reusser S. Insertion techniques for static and dynamic resource-constrained project scheduling [J]. European Journal of Operational Research, 2003, 149 (2): 249-267.

[78] Lipke W, Vaughn J. Statistical process control meets earned value [J]. CrossTalk: The Journal of Defense Software Engineering, 2000, 16-20: 28-29.

[79] Leu S S, Lin Y C. Project performance evaluation based on statistical process control techniques [J]. Journal of Construction Engineering & Management, 2008, 134 (10): 813-819.

[80] Aliverdi R, Naeni L M, Salehipour A. Monitoring project duration and cost in a construction project by applying statistical quality control charts [J]. International Journal of Pro-

ject Management, 2013, 31 (3): 411-423.

[81] Colin J, Vanhoucke M. A comparison of the performance of various project control methods using earned value management systems [J]. Expert Systems with Applications, 2015, 42 (6): 3159-3175.

[82] Kolisch R, Sprecher A. PSPLIB-A project scheduling problem library [J]. European Journal of Operational Research. 1996, 96: 205-216.

[83] Vanhoucke M. Project Management with dynamic scheduling [M]. Berlin: Springer, 2012.

[84] Van Slyke R M. Monte Carlo methods and the PERT problem [J]. Operations Research, 1963, 11 (5): 839-860.

[85] Williams T M. Criticality in stochastic networks [J]. Journal of the Operational Research Society, 1992, 43 (4): 353-357.

[86] Bowman R A. Due date-based metrics for activity importance in stochastic activity networks [J]. Annals of Operations Research, 2001, 102 (1): 39-48.

[87] Madadi M, Iranmanesh H. A management oriented approach to reduce a project duration and its risk: variability [J]. European Journal of Operational Research, 2012, 219: 751-761.

[88] Vanhoucke M. Using activity sensitivity and network

topology information to monitor project time performance [J]. Omega-International Journal of Management Science, 2010, 38 (5): 359–370.

[89] Patterson J. A comparison of exact approaches for solving the multiple constrained resource project scheduling problem [J]. Management Science, 1984, 30 (7): 854–867.

[90] Herroelen W, Leus R. On the merits and pitfalls of critical chain scheduling [J]. Journal of Operations Management, 2001, 19 (5): 559–577.

[91] Kelley Jr J E. Critical-path planning and scheduling: Mathematical basis [J]. Operations Research, 1961, 9: 296–320.

[92] Fulkerson D R. A network flow computation for project cost curve [J]. Management Science, 1961, 7: 167–178.

[93] Goh J, Hall N G. Total cost control in project management via satisficing [J]. Management Science, 2013, 59 (6): 1354–1372.

[94] Said S S, Haouari M. A hybrid simulation-optimization approach for the robust discrete time/cost trade-off problem [J]. Applied Mathematics and Computation, 2015, 259: 628–636.

[95] Bregman R L. A heuristic procedure for solving the dynamic probabilistic project expediting problem [J]. European Journal of Operational Research, 2009, 192: 125–137.

［96］ Bregman R L. Preemptive expediting to improve project due date performance ［J］. Journal of the Operational Research Society, 2009, 60: 120-129.

［97］ Yamashita D S, Armentano V A, Laguna M. Robust optimization models for project scheduling with resource availability cost ［J］. Journal of Scheduling, 2007, 10 (1): 67-76.

［98］ 李洪波, 徐哲. 鲁棒项目调度研究综述 ［J］. 系统工程, 2014, 32 (2): 123-131.

［99］ Van de Vonder S, Ballest F, Demeulemeester E, et al. Heuristic procedures for reactive project scheduling ［J］. Computers and Industrial Engineering, 2007a, 52 (1): 11 – 28.

［100］ Van de Vonder S, Demeulemeester E, Herroelen W. A classification of predictive-reactive project scheduling procedures ［J］. Journal of Scheduling, 2007b, 10 (3): 195 – 207.

［101］ Deblaere F, Demeulemeester E, Herroelen W, et al. Robust resource allocation decisions in resource-constrained projects ［J］. Decision Sciences, 2007, 38 (1): 5-37.

［102］ Lambrechts O, Demeulemeester E, Herroelen W. Proactive and reactive strategies for resource-constrained project Scheduling with uncertain resource availabilities ［J］.

Journal of Scheduling, 2008a, 11 (2): 121-136.

[103] Lambrechts O, Demeulemeester E, Herroelen W. A tabu search procedure for developing robust predictive project schedules [J]. International Journal of Production Economics, 2008b, 111 (2): 493-508.

[104] Artigues C, Roubellat F. A polynomial activity insertion algorithm in a multiresource schedule with cumulative constraints and multiple modes [J]. European Journal of Operational Research, 2000, 127 (2): 279-316.

[105] Yang B, Geunes J. Predictive-Reactive scheduling on a single resource with uncertain future jobs [J]. European Journal of Operational Research, 2008, 189: 1267-1283.

[106] Deblaere F, Demeulemeester E, Herroelen W. Reactive scheduling in the multi-mode RCPSP [J]. Computers & Operations Research, 2011a, 38 (1): 63-74.

[107] Yu G, Qi X. Disruption Management—Framework Models and Applications [M]. New Jersey: World Scientific, 2004.

[108] Wang J. Constraint-based schedule repair for product development projects with time-limited constraints [J]. International Journal of Production Economics, 2005, 95 (3): 399-414.

[109] Zhu G, Bard J, Yu G. Disruption management for resource constrained project scheduling [J]. Journal of the

Operation Research Society, 2005, 56 (4), 365–381.

[110] Zhu G, Bard J F, Yu G. A two-stage stochastic programming approach for project planning with uncertain activity durations [J]. Journal of Scheduling, 2007, 10 (3): 167–180.

[111] Demeulemeester E, Vanhoucke M, Herroelen, W. RanGen: A random network generator for activity-on-the-node networks [J]. Journal of Scheduling, 2003, 6 (1): 17–38.

[112] Demeulemeester E, Herroelen W. Project scheduling-A research handbook [M]. New York: Kluwer Academic Publishers, 2002.